U0505409

教师关键行为的

关键 行为

的

解 读 与 优 化

陈青云 等著

上海人民出版社

序
Preface

　　教育大计，教师为本。提高教师专业素质、促进教师持续发展，不仅是教育研究的永恒命题，也是教育实践的重要任务。

　　在当前阶段，面临新形势、新任务、新要求，为教师赋能、促教师发展的需求十分迫切。2018年1月，中共中央、国务院印发《关于全面深化新时代教师队伍建设改革的意见》，明确指出要"全面提高中小学教师质量，建设一支高素质专业化的教师队伍"，要"提高教师培养层次，提升教师培养质量"。2018年2月，教育部等五部门印发《教师教育振兴行动计划（2018—2022年）》，要求"教师综合素质、专业化水平和创新能力显著提升，为发展更高质量更加公平的教育提供强有力的师资保障和人才支撑"。此后，在国家颁布的高中育人方式改革及全面提高义务教育质量等文件中，也都提出要不断提高教师的专业素质。特别是在"双减"实施、"双新"落实以及教育信息化推进的新背景下，教师专业素质的提升不仅是政策的要求，更是一线教师的内在需求。

　　静安区历来重视教师的专业发展，通过专题研究和出台一系列改革措施为教师素质提升提供支撑。在静安区每五年承担的国家教育部重点课题中，均有对教师的专题研究。在"十一五"课题研究期间，搭建多元平台促进教师知能提升；在"十二五"课题研究期间，加强指向个性化的教师研修；在"十三五"课题研究期间，提出教师是第一支持力，并开展了一系列行动。这些探索为静安区教师的专业发展提供了支持，并形成了许多有效的经验。

　　但是，面临着课标教材实施的新任务和区域教育发展的新要求，如何更好回应学校、教师的现实需求，需要有新思路和新举措。静安区教育学院陈青云院长基于深刻的现实洞察和敏锐的学术眼光，主动回应，积极作为，率领教育学院全体教师开始了优化教师关键行为的专题研究，并于2021年立项为上海市教育科研课题。这是静安区围绕教师素质提升进行专题研究的持续发力，也是教育学院作为专门机构发挥专业功能的具体体现。

　　这一课题经过几年的深入研究，形成了丰富的成果和显著的成效。课题组对教师关键行为的内涵和特征进行了阐释，提出了由四个模块、八个方面若干行为观测点组成的教师关键行为框架，并通过多方面资料对现状进行分析把握。以此为基础，开展了优化教师关键行为的探索，提炼形成了由问题诊断、典型样例、操作要则组成的行为优化策略，并形成了由课程、项目、平台等组成的支持体系。课题组通过抽样对教师在关键行为上的提升度进行了调查，结果显示，经过几年的行动实践，在八个关键行为上教师都有较为明显的提升，表明研究取得了较为显著的成效。这些成果将为促进区域教育发展发挥重要作用。

教育学院聚焦教师关键行为优化所开展的专题研究，不仅为促进教师专业发展、回应教师迫切需求提供了重要支持，也是教育学院立足研训机构新使命，回应国家加强和改进新时代基础教育教研工作的重要举措。教育学院围绕重点领域、难点问题开展综合性的专题研究，不仅是教育学院自身发展的需要，也是在区域教育发展"一车双轮"机制下教育学院发挥专业引领、指导、支持功能的重要路径。

在"十四五"规划期间，静安区以"激活学生创造力"为主题开展教学深度变革的研究，这一研究涉及面广、挑战性大，对教师的专业素质提出了更高要求，学校、教师也表达了需要专业支持的强烈愿望，希望教育学院以此为契机，进一步深入调研、加强研究，发挥主力军作用，推出更多有效举措，特别是在激活学生创造力的教师关键行为方面，取得更多新经验、新成果。

当前，教育强国建设正在推进之中，作为发达地区的中心城区，静安教育要继续秉持"领先一步、站高一层"的精神，前瞻谋划，主动作为。希望教育学院进一步强化"促进教师专业发展，服务区域教育改革"的理念，学术精进、凝心聚力，在新时代的静安区教育改革与发展中，发挥更多、更大的作用。

前言
Foreword

　　教师专业发展是一个永恒话题，关于教师专业发展的研究也一直是教育研究的重要领域。特别是在教育改革深化和高质量发展的背景下，建设一支高素质的教师队伍，更成为一个重要而迫切的命题。为了回应新时代教师专业发展的需求和要求，也为了体现教师专业发展机构的作为与地位，我们以教师关键行为的优化为主题，开展了系统深入的研究。

　　开展教师关键行为优化的研究，是在从教师、时代、区域的审视之后，作出的坚定抉择。在"双新"实施以及教育高质量发展的背景下，要更好地落实有关要求，促进学生全面而有个性地成长，促进教师更好地从教育理念向教育教学实践转化，需要相应的桥梁和纽带，而教师关键行为的研究可以提供相应的支撑。另外，教师在新课程、新教材的落实中，在考试改革的应对中，以及教育数字化等新形势下，也面临许多挑战甚至困难，需要得到更多的回应与支持，教师关键行为的研究也正是基于现实的专业行动。当然，由区域教育研训机构研究教师关键行为，也是由其特殊的角色以及国家和地方赋予的功能决定的。开展教师关键行为优化的研究，是地区教育培训机构功能发挥的着力点和生长点，是服务教师专业发展、服务区域教育发展的主动作为和使命担当。

开展教师关键行为优化的研究，既是一个理论上的探索，更需要实践上的突破。为了增强研究的针对性和实效性，我们坚持内外协同、上下互动，通过多方协作、定期研讨和专题行动，推进研究不断向纵深开展。从院领导和各部门主任确立研究意向，到课题小组开展文献综述，再到进行专题访谈，逐步明晰研究的思路与重点。尽管是在疫情期间，我们也未停下研究的脚步，就教师关键行为的框架结构、问卷编制、专题行动推进等核心内容，逐项突破并予以落实。

在研究的推进中，我们形成了相应的策略，一是强化实践场景和问题导向，确立核心概念的内涵和实践框架，运用德尔菲法和词频分析不断丰富和完善实践框架；二是突出多方诊断和协同行动，探索教师关键行为优化的区域特色路径，借助学习设计、新题创生、"515"工程、微能力认证等项目以及培训课程等途径加以推进和落实；三是注重样例解析和平台创建，探索教师关键行为优化的操作化、数字化支持机制，完成典型样例的多次征集和持续研发，并形成匹配教师关键行为优化的教研平台。

经过三年多的深入研究和推进，我们完成了全部任务，实现了预期的目标，形成相应的成果，具体包括：

一是教师关键行为的解读与把握：我们对教师关键行为的内涵进行系统阐释，构建教师关键行为模型图，以"发现、设计、实施、改进"四个交互和关联的行动模块为基点，确立了八个关键行为，并对每个关键行为的内涵和观测点进行解读。在对关键行为内涵解读的基础上，运用现场观察、个别访谈、文本分析等方式搜集和分析资料，对区域教师在"发现、设计、实施、改进"四个方面的关键行为基本状况进行考察。

二是基于四个模块的教师关键行为优化：在每一个模块里，都对相应的关键行为进行诊断，并提出问题表现。在此基础上，通过典型样例的呈现，剖析关键行为优化的切入点、操作点，并在概述的基础上形成这一关键行为优化的操作要则。

在"发现"模块下，通过"基于教育态势、教育资源感知的敏锐研判""基于清晰学科本质的敏锐研判"和"基于'课程标准'，把握教学重难点的敏锐研判"等案例的分析，提出优化"敏锐研判"关键行为的操作要则。通过"精准解读学生的背景，确定教学的起点""全面精准地解读学生的认知规律优化教学""借助'剧创体验课'优化教师关键行为之精准解读"等案例的分析，提出优化"精准解读"行为的操作要则。

在"设计"模块下，通过"突破教学难点的数字化实验整合与开发""高中英语多教材整合探索""'编程解决问题的过程'的反思与优化"等案例的分析，提出优化"有效整合"行为的操作要则。通过"打造'回应式'课堂""推陈出新——初中'生物—地理'跨学科案例分析命题设计培训""初中科学基于学习目标的合理创生"等案例的分析,提出优化"合理创生"行为的操作要则。

在"实施"模块下,通过"立足'社会情绪能力'养成教育优化教师关键行为""加持提升'线上教学'效率""基于多元评估的特殊儿童适切交互行为调整"等案例的分析,提出优化"适切交互"行为的操作要则。通过"学生课堂学习活动的动态调适""学生课堂学习活动中的'动态调适'""在律动教学的即兴能力中优化教师适切交互行为"等案例的分析,提出优化"动态调试"行为的操作要则。

在"改进"模块下,通过"基于课堂观察工具,激活学生创造力""基于学生生活的调查,系统反思活动设计""基于'静安数字教研'平台的听课与反思"等案例的分析,提出优化"系统反思"行为的操作要则。通过"根植学情改进课堂,持续优化教学效果""基于学校科研年度报告,持续优化教师科研工作""从幼儿需求出发,循证优化增强其归属感"等案例的分析,提出"持续优化"关键行为的操作要则,如聚焦问题,锚定优化行为的关键点;实践验证,积累优化效果的动态谱;合作反思,共享优化反思的经验链,等等。

三是教师关键行为优化的支持与保障:其一,指向教师关键行为优化的培训课程设计与实施,共新建192门课程,其中定向征集和自主研发的指向"教师关键行为"优化的课程共143门。其二，指向教师关键行为优化的项目研发与实施，开发并实施多个区域培养项目。其三，研制教师关键行为优化的指南，就研究成果的实践转化，为广大学校和教师提供做什么、怎么做的遵循和路径。其四，教师关键行为优化的平台建设，实现"数智教研"的流程再造，及时跟进与优化教师关键行为。

本研究运用行动研究、案例研究、内容分析等多种方法，结合教育学、心理学、管理学等多个学科，提出教师关键行为的概念内涵，构建教师关键行为模型图和结构框架，将教师行为的优化与学生核心素养的培育相结合，为教育改革提供新的视角。

研究不仅在理论上进行探索，而且取得比较好的实践成效，为教师提供关键行为优化的具体策略和方法，有助于教师专业成长和教学实践的改进。教师的八个关键行为在本研究的干预后，有了较大的提升，其中实施模块的关键行为提升度较大，不同群体的教师在关键行为的不同方面都有不同程度的提升。另外，这一研究为教育政策制定、学校教学管理、区域教育发展等方面提供了有力的支持和指导。

经过三年多的研究，尽管在教师关键行为优化上取得相应的成果和成效，但这一主题还有许多值得进一步深入研究的方面，譬如在利用技术创新赋能教师关键行为的优化，基于跨学

科融合助力教师关键行为的优化，培育专业人员支持教师关键
行为的优化等方面，都还有深入研究的空间。

　　这一研究尽管告一段落，但面对教育的新形势、新要求和
教师专业发展的新需求，我们的专业思考、专业行动、专业服
务还将持续推进。

目 录
Contents

　　习近平在党的二十大报告中提到要办好人民满意的教育，强调"建设高质量教育体系，发展素质教育，促进教育公平"。办好人民满意的教育，必须有一支高素质的教师队伍，高质量教育体系必须以高素质的教师队伍建设为基础。教师是在实践中成长起来的，而当前对于教师专业性的研究多是从能力、素养等内隐角度开展的，关于教师实践智慧的研究不少，但从教师行为优化的角度给出教师适切合理的指导却并不多见。顾泠沅教授认为，在教师育人过程中，的确存在着某些关键性的行为直接影响育人成效。本研究聚焦于教师的行为优化，尤其是关键行为的优化，既可为教师提供可操作、可共享的行为指导，也可为促进教师专业发展路径设计方面探索一条全新的思路。

第一章
研究的背景和意义

一、研究的意义价值

（一）优化教师关键行为是落实教育改革、培育学生核心素养的新要求

　　强教必先强师，教师是教育发展的第一资源。国家教育政

策、时代的发展和未来教育趋势均对教育发展和教师专业素养提出了高标准严要求。教育部 2012 年 9 月 13 日颁发的《幼儿园教师专业标准（试行）》《小学教师专业标准（试行）》和《中学教师专业标准（试行）》对教师专业发展理念、专业知识、专业能力都有了更加清晰的要求与更加明确的界定。特别是在新课程、新教材实施以及教育综合改革背景下，更好地落实要求和实现立德树人的目标，当务之急是帮助教师架设从教育理念到教育教学关键行为的桥梁。本书以区域范围内的不同发展阶段、不同学段教师为研究对象，寻找、发现、提炼符合教育目的与课改要求的教师关键行为，分析影响因素、寻找优化路径，针对性开展区域性的在场性诊断、联合指导和项目化研训，具有极强的实践价值与探索意义。

（二）教师关键行为优化是新时代教师专业发展的新需求

顺应时代发展与教育改革，不仅需要将理论内化于心，还需要在实践中外化于行。教师行为是教师教育理念、专业素养、思维方式的外在表现。在推进个性化学习、加强信息技术整合应用、"双新"落实等方面，教师在专业发展上面临着新问题、新挑战和新需求。通过对区域资深教师和教研员的初步访谈发现，教师关键行为呈现出阶段性特征，需求差异较大。本研究从关键行为视角探索教师专业发展的进阶路径，进而更加有效地促进教师发展，具有极强的促发展性。参照《教师专业标准》提出的师德为先、学生为本、能力为重、终身学习的四大基本理念，专业理念与师德、专业知识、专业能力三大专业维度，聚焦指向培养学生核心素养的教师关键性教育教学行为，可以让专业发展评价获得有效的观测点与有力的支撑点，也能促使教育综合改革进一步做深做细做实。

（三）教师关键行为优化研究是地区教育研训机构的新使命

区域教育研训机构的办学宗旨离不开服务教师发展、促进教育改革这个核心任务。中共中央、国务院《关于全面深化新时代教师队伍建设改革的意见》（2018 年 1 月 20 日）提出："全面提高中小学教师质量，建设一支高素质专业化的教师队伍。提高教师培养层次，提升教师培养质量。"并要求"大力振兴教师教育，不断提升教师专业素质能力"。这为地区教育培训机构的功能定位与使命担当制定了高要求。基础教育课程发展与教师培训均面临着理论如何向课堂实践转移的突出问题。作为区域教育发展的重要支持力量和教师专业发展的研究服务机构，静安区教育学院围绕教师专业发展开展了 pck 培训、课堂教学增值行动、个性化教学行动、教育反思专项行动等系列行动，取得阶段性成果。但在新时代背景下，如何给予教师具化、针对、可操作的指导，是学院功能发挥的新的着力点和破题之作，也是服务教师发展、服务区域教育发展、服务课改的使命使然和必然选择。

二、研究的文献分析

（一）关于教师行为的研究呈现出拓展、细化和深入的特点

有关教师行为研究经历了从行为主义、人本主义、认知建构主义的理论进程，主要是从"有效教学"角度开展教师有关行为的内容、影响因素、特征等方面的研究（张天雪，2016；李宁，2023）。从某方面或某种具体行为开展研究的也比较多，如言语行为、对话行为、沟通行为等，反映了研究的细化与深入。顾泠沅教授在青浦教改实验中总结的四大原则，具有教师关键行为确定的指导意义。国外有研究从"核心实践"角度提出了教师有效实践（行为）的四个标准和指标体系。在分析方法方面，体现出从理论研究向实践立场、定性分析向实证性分析转化与并重的研究思路（罗生全，2014；王冬青等，2020；郭玉峰等，2023）。

（二）教师关键行为的研究为教师行为研究注入新内涵

随着绩效管理实践的深化，企业领域对于企业领导者和员工"关键行为"的研究与应用逐渐增多，主要集中于关键行为指标（KBI）设定、KBI分解步骤、量化考评办法制定等方面（刘耀中，2007；赵晓鹏，2014；朱婉婷，2023）。教育领域，除了借鉴人力资源管理理论来研究教师影响力指标的内涵和关键行为（龙红明等，2023），对从能力、经历角度对教师关键能力（常磊，2019；周悦多，2023）、教育关键事件（苏红，

2014；陈唏，2010）的研究也日渐丰富。近年来，出现少量的将"领导者""校长"与"关键行为"建立链接的研究（欧内斯特，2014；刘佳，2018）等。迄今为止，在教育领域未见关于教师关键行为方面比较深入和整体性的研究。

（三）地区教育研究培训机构的功能发挥和实践探索不断深化与完善

随着教育改革发展深化，地区教育研训机构的功能不断拓展和深化，其中最基础的、最核心和最专业的功能直接体现在促进教师专业发展上。地区教育研训机构具有上接高校下联学校的优势，而发挥功能的路径和方法各具特色，上海如青浦区的教改实验、静安区关于教育个性化的推进、长宁区关于教育关键事件的研究、徐汇区关于教师关键能力的培养等，既顺应时代的要求，更立足区域教育改革的传统和特点，取得丰硕的成果，凸显其在促进教师发展、推进课程改革中的不可替代性。

通过对已有的文献进行梳理，我们发现：

第一，从教师关键行为角度给予教师切实操作性指导的研究较少。 教师是在实践中成长的，而当前对于教师专业性的研究主要是从能力、素养等内隐角度开展的，而从教师行为优化的角度给予教师适切指导的并不多见。教师关键行为的优化研究，既可为教师提供可操作、可共享的行为指导，也可为促进教师专业发展路径设计提供一条全新的思路。

第二，教师关键行为的内涵需要拓展和深化。 关于教师行为研究多限于"有效教学"领域，或限于思辨层面，或处于单一行为层面，而对"教师关键行为"的整体性研究极少，这方面需要深化相关理论研究及实践探索。

第三，从地区教育研训机构视角开展的教师关键行为优化研究非常欠缺。有关教师行为的研究者多为高校学者，理论分析多，实践操作少，而以地区教育研究培训机构为主体、以实践为指向、以实证为主要方法、以实效为目标来开展区域层面的教师关键行为优化的整体性研究则非常缺乏。

因此，随着教育整体综合改革的深入推进，提升教师队伍整体素质的迫切性日益显现，从地区教育研训机构角度，探索促进教师关键行为优化的教研方式转型和研训课程，并以实证为主要方式分析问题并提出对策建议，既是地区教育研训机构的功能体现，更是直接指向教师专业发展目标，故而具有很强的实践价值和一定的理论意义。

第二章
研究的设计与实施

地区教育研究培训机构是区域促进教师专业发展的专业主体。作为地区教育研训机构促进教师专业发展的引领性课题，本书在既往实践的基础上，聚焦教师关键行为，以教师关键行为的优化为目标，采取行动研究和实证研究的实践性思路，探索教师关键行为优化的方式、过程和支持要则。在研究过程中，我们对于实践进展及成效不断进行反思、评估，并进行相应地调适，以期不断改进和优化研究实践。

一、研究的整体设计

教师是教育发展、学生培养的第一支持力，教师专业发展是全球教育始终关注的重点议题。如何更好地促进教师专业发展，需要地区教育研训机构扎根教育实践场域，密切关注教育发展趋势，深入剖析区域教师专业发展现状和需求，寻找关键切入点，进行整体谋划。本书以教师实现专业提升为指向，以育人关键行为的优化为目标，探寻教师专业发展的区域路径，使教师专业发展过程更加关照教师需求、更加体现教育发展趋势，更加具有区域特点。

（一）研究目标确定：教师关键行为优化的行动方向

以促进区域教师获得充分的专业成长为指导思想，在地区教育研训机构已有研究和实践的基础上，以中小学教师专业发展标准为参照，确立本研究重点突破的方向。我们认为，教师育人关键行为发生的主要场域和空间是学校，而地区教育研训机构作为区域内服务教师专业发展的专业机构，是区域内教师育人关键行为优化的主要行动主体。通过充分发挥地区教育研训机构的功能作用，优化教师育人关键行为，促进教师获得专业成长。研究立足区域教育发展实际，探索教师育人关键行为优化的区域路径、策略和相应的支持系统。经过多次研讨，确立的具体目标是：通过调查访谈和文献分析，明晰教师关键行为的基本要素与具体表征；通过行动探索和实证分析，确定教师关键行为优化的区域性路径与策略；通过实践探索和总结归纳，形成教师关键行为优化的支持要则和保障机制。

（二）研究内容聚焦：教师关键行为优化的区域策划

与研究确立的预定目标相匹配，需要以构建教师育人关键行为框架和内涵为基础，以问题为导向，以行动为载体，探索地区教育研训机构优化教师育人关键行为的路径和策略，探索保障性支持机制和平台。因此，研究将聚焦以下三个方面展开：

1. **内涵深化：教师关键行为的框架与内涵研究**

研究的核心概念"教师关键行为"不同于教师关键能力，行为是能力的外在表现，能力具有内隐性，是行为的基础，行为也不以某个外显动作为观察单位，而是教师表现出来的引起促进直接作用于学生活动的比较稳定的操作性实践。之所以"关键"，这里是指对学生核心素养的培养有显著影响。教师表现出来的对学生核心素养培养有显著影响的稳定的操作性实践，视为教师的关键行为，本课题关注的重点在于教师在育人过程中对学生的核心素养以及相关的环境和人产生重要影响的一系列的操作性行为和实践。这方面研究的要点是：通过文献梳理、课堂观察、现场调研等，研究教师日常实践模块下具体的教师关键行为内容及其表征和内涵。在此基础上，分析其共性特点并尝试构建教师关键行为模型。

同时开展教师关键行为的现状分析。以不同阶段、不同岗位的教师为对象，采取访谈、问卷、内容分析等方法，获得教师关键行为的相关数据，分析区域教师关键行为的现状。这方面的研究要点是：区域教师关键行为存在的问题，区域教师关键行为的影响因素和区域教师关键行为优化的需求。

2. *行动探索：教师关键行为优化的区域路径研究*

地区教育研训机构具有上接高校、下联学校的优势，发挥功能的路径和方法各具特色，既需要顺应时代的要求，更需要立足区域教育改革的传统和特点。以地区教育研究培训机构为主体、以实践为指向、以实证为主要方法，开展区域层面的教师关键行为优化的整体性研究，需要统一发挥区域教研、培训、科研和德研的统整作用，形成合力，优化过程体现问题导向、实践路径和教师为本。拟从以下几个方面展开行动研究：教师关键行为的专业诊断；教师关键行为优化的联合指导；教师关键行为优化的专项行动策划与实施；教师关键行为优化的专题研训课程研发与实施。

3. 功能突破：教师关键行为优化的保障研究

教师关键行为优化过程是综合、复杂的，需要突破传统模式，借助信息化和数字技术，建立功能完善的资源支持平台，实现资源直达教师，构建相关扁平化支持保障系统，使教师关键行为优化的过程增强主动性、个性化和互动性。这方面的研究要点是：教师关键行为优化的成效评价探索；教师关键行为优化的样例库及平台建设；教师关键行为优化的指南研制。

二、研究的基本思路

本书涉及三个概念，地区教育研训机构是主体，教师关键行为优化是目标，而实证研究则是研究的主要思路、方法。教师关键行为的优化是个复杂的过程和工程，需要在实践中不断收集量化和质性证据，开展行动和反思，以不断改进教师关键行为优化的实践及研究过程。

1. 制定技术路线

采取实证研究的范式，立足地区教育研训机构的功能发挥与突破，采用"分析梳理—创建完善—反馈调整"的思路，对教师关键行为的理论构建和优化经验不断筛选和完善，强调基于多元证据的深度实践和基于反馈评估的持续改进。研究过程中，现状分析与把握、理论梳理与架构、行动策划与实施互相关照，动态调适。同时坚持各部门多方协作，有序推进，发挥统整功能。具体的技术路线如图 2-1。

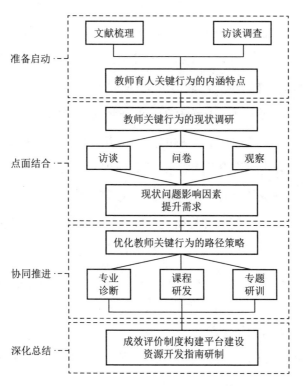

图 2-1 教师关键行为研究技术路线

2. 关注研究方法

本书以调查法、行动研究法、案例研究法为主要研究方法，注重实践过程中基于证据的不断反思与改进。

调查法。调查是研究的主要方法之一。本研究综合运用访谈调查法和问卷调查法进行证据的收集。首先，在文献研究的基础上，设计教师关键行为的访谈提纲，对部分教师、教研员以及专家进行访谈，梳理学校场域下教师日常教育教学实践及关键行为，初步形成关键行为结构表。其次，采取德尔斐法征询专家对教师关键行为结构表的建议，并用词频分析法进行提炼、反馈，进一步完善教师关键行为指标、内涵及核心特点。再次，以关键行为指标为基础，开发编制调查问卷，以区域中小学教师为调查对象，开展的面上调查，检验教师关键行为优化的成效及进一步提升的需求，进而形成研究闭环。

行动研究法。行动研究法贯穿本研究始终。通过专业诊断、专项行动推进、研训课程研发等方式，对不同研究对象的育人关键行为优化进行策划实施，开展教师关键行为提升的区域实践，并不断反思改进。同时，在行动过程中收集相关数据，对原先的分析、计划和实施进行适时的调整，进一步形成问题—行动—反思—改进循环。

内容分析法。对区域同时期开展的教师专业发展调查结果进行内容分析，并与专家访谈和调查中梳理筛选的教师关键行为指标进行多方互证，从中把握教师育人关键行为现状和需求。

案例研究法。注重对不同学科、不同学段和不同发展阶段的教师开展研究，发现、研究不同关键行为优化的典型案例，开展问题解析、要则提炼，进而剖析区域教师关键行为优化的成功要素和优化策略、方法。

三、研究的实施过程

教师关键行为的优化既需要高屋建瓴的顶层设计与谋划，更需要根植于价值认同的行动操作实践。地区教育研究培训机构是面向区域所有中小学教师发挥研究指导服务功能的单位，其研究也需要超越单一研究和行动主体，构建内外协同、上下互动的研究格局，通过多方位协作的机制构建、定期研讨的制度实施和专项行动的策划与推进，渐次逐步推进课题向纵深开展。

（一）多方协作，定期研讨，构建课题研究立体化、专题化推进机制

为更好地推进课题研究，增强研究的针对性和实效性，课题组构建了多部门协同推进的机制，全面布局、协同推进，全院和部分学校积极参与此项研究。

1. 多方协作——构建课题研究立体化网络

根据阶段安排，以点面结合、协同推进的方式进行研究。坚持多部门协作，面向全体教研员解读方案，科研、培训、教研、德研等加强工作整合，将课题研究、实践改进与现有工作有机融合。各部门根据当前教育教学改革过程中难点、堵点、

重点、热点的问题，设立项目，聚焦关键行为优化开展研究和探索。

为体现问题导向和扎根学校实践场域的研究立场，课题组建立了与基层学校沟通结合的机制。结合区"十四五"教育部重点项目和普通高中"双新"实施项目的深入推进，积极调动学校参与研究，并及时介入指导，形成协作推进研究的合力。有六所中学设立"优化教师关键行为"项目，分别是回民中学的"基于教师合作行为的行动研究"，向东中学的"立足活力课堂的教师关键行为优化"，华东模范中学的"以职初教师的培养优化教师关键行为的行动研究"，闸北八中的"新技术助力双新教学的新行动"，扬波中学和市北中学也积极参与其中，学校结合实际和教师需求，从不同维度对教师关键行为优化开展了探索。部分幼儿园通过专题论坛等方式开展教师关键行为优化的研讨和探索。在课题深入研究的过程中，认同和参与教师关键行为优化研究的学校逐步增加，如彭浦初级中学结合学校研究项目，提出学校激活学生创造力的教师关键行为优化思路，开展实践，取得较好成效。

2. 专题研讨——构建课题定期研讨机制

为更好地推进课题研究，课题组定期开展研讨，上下互动就课题推进、研究的重点进行讨论。开题之后，根据实际情况，充分组织讨论和研究实施，体现了研究整体推进与教研员自主探索结合、理论研究与实践推进结合、案例展示与交流结合等特点。

地区教育研训机构教师是面向全区开展教师专业发展指导的专业力量，是相关学科领域的资深专家，他们的意见和建议凝结着对教师关键行为的专业理解，体现着对区域教师关键行为现状的把握，具有专业性、实践性、操作性，也是地区教育研训机构优化教师关键行为的主体行动力量。课题组把面向全院教师的建议和观点的征集作为明确概念内涵、优化路径探索，凝聚全院教师关键行为的理念和行动共识，充分研讨，从中把握教师关键行为的内涵及结构要素。2020 年 5 月 26 日，院领导和各部门主任开展教师关键行为优化项目意向研讨，确立研究意向。2020 年 5 月 29 日，讨论主要概念的界定，并开展文献研究和综述。2020 年 6 月—2021 年 3 月，成立课题组。课题组设计访谈提纲，从对关键行为的理解、区域教师面临的需求困惑、优化教师关键行为的经验等几方面入手，对全院教师开展优化教师关键行为访谈，4 场访谈会，进修部，科研室，德育室，教研室中学组、小学组等充分发表意见，访谈百余教师。通过充分的访谈研讨，征询全院教师对教师关键行为的认识，集思广益，逐步达成研究共识，形成课题研究方案和开题报告。

2021—2023 年是研究并实施推进阶段，为更好地落实课题的重点任务，课题组根据课题研究的主要目标、内容和阶段任务，就教师关键行为框架结构、问卷编制、专项行动推进等，以总课题组、分课题组的形式，总—分—总结合，分专题定期研讨，并注重互相的沟通协调和反馈调整。

（二）实践场景，问题导向，构建课题核心概念的理论化、实践性框架和检验机制

1. 理性化梳理——"教师关键行为"结构框架的建构与明晰

"教师关键行为"是本书的核心概念，是后续研究行动策划与实施的基础，依据文献分析发现这一概念缺乏系统的理论阐释，因此将这一概念及其框架的内涵分析作为重要的研究内容和行动基础，进行广泛深入的讨论，推动教师形成理念与行动共识。这个概念的操作性定义和框架的形成经过了框架初拟—专家咨询—词频分析和具体建构的过程，是自下而上的凝练的过程。

（1）基于实践场景初拟"教师关键行为"结构框架

2020 年 5 月，召开专家咨询会议，提出研究教师关键行为的建议，形成研究意向。2020 年 6—9 月，学院初步组成课题小组，就"教师关键行为"的概念界定、框架、内涵开展初步探讨。教师行为发生在实践场景之中，对教师关键行为的构建应该基于教师工作实践逻辑的分析和把握，因此，在依据对教师工作实践场景中的问题把握和教师工作的实践性逻辑分析的基础上，同时分析现有文献，明确核心概念"教师关键行为"的界定和内涵，并提出"发现""设计""实施""改进"四个教师关键行为模块。教师关键行为的 4 大模块并非单向线性按时间顺序发生，而是两两互促推动着关键行为持续优化。以此为起点，经过反复研讨和征询意见，在每个模块下列出 2 个关键行

为，每个关键行为列出 2 个观测点（研究中，课题组认识到每个模块下的关键行为以及每个关键行为的观测点不限于 2 个，但只列出认为是最重要的 2 个），进而形成教师关键行为的 4 大模块、8 个关键行为和 16 个观测点。以此为基础，2021 年 3—4 月，初步构建教师关键行为结构表、鱼骨图和示意图（详见第三章表 3-1、图 3-1 和图 3-2）。

（2）运用德尔斐法征询专家意见和建议

2021 年 4 月 12 日，课题组举行开题会，邀请华东师范大学和上海师范大学专家分别就教师关键行为的内涵、结构框架、优化策略等提出宝贵意见和建议。2021 年 5—12 月，通过全院大会等多途径宣讲课题方案，面向全院教研员征集教师关键行为结构框架及其优化的建议和观点。全院教师结合工作，基于日常教师指导中的观察和经验，针对初拟的教师关键行为结构表，开展研究并提交教师关键行为的行为表现描述，全院三分之二以上的教师参与其中，共收到表格 100 余份。在课题组中期报告会上，上海市浦东教发院院长顾志跃和上海市教育科学研究院教师发展研究中心主任杨玉东对课题的进一步开展提出宝贵的建议。

（3）开展词频分析提炼教师关键行为具体观测点

2021 年 12 月，对全院教师提供的教师关键行为描述进行了汇总，每个观测点收到约 90—100 份行为表现描述。借助质性研究工具（NVivo 软件）对 16 个观测点的行为表现进行了词频查询和分析，利用词语云进行转化，每个观测点形成 2 个词语云，共形成 32 个词语云，利用这些高频词进一步分类做参考，形成"教师关键行为结构表的观测点列举"。

如："设计"模块之"合理创生"关键行为的观测点，形成两个词频表和词语云（见表 2-1、表 2-2；图 2-2、图 2-3），"教学""活动"和"创造性"等词语计数最多，表明大家认为创生在教育教学设计中至关重要。

表 2-1　词频查询结果 1

关键词	长度	计数	加权百分比（%）
教学	2	58	5.32
活动	2	41	3.76
设计	2	37	3.39
学习	2	32	2.94
学生	2	30	2.75
方案	2	30	2.75
目标	2	23	2.11
问题	2	22	2.02
内容	2	16	1.47
教育	2	16	1.47
基于	2	14	1.28
生成	2	14	1.28
进行	2	11	1.01
实施	2	9	0.83
课堂	2	9	0.83
创造性	3	8	0.73

（续表）

关键词	长度	计数	加权百分比（%）
学科	2	8	0.73
有效	2	8	0.73
经验	2	8	0.73
结合	2	8	0.73
单元	2	7	0.64
教师	2	7	0.64
方法	2	6	0.55
能够	2	6	0.55
解决	2	6	0.55
过程	2	6	0.55
优秀	2	5	0.46
促进	2	5	0.46
小组	2	5	0.46
帮助	2	5	0.46

图 2-2　词语云 1

表 2-2　词频查询结果 2

关键词	长度	计数	加权百分比（%）
创造性	3	8	0.73
个性化	3	3	0.28
循序渐进	4	2	0.18
有利于	3	2	0.18
与众不同	4	1	0.09
出发点	3	1	0.09
切实可行	4	1	0.09
制度化	3	1	0.09
可行性	3	1	0.09
多媒体	3	1	0.09
多样性	3	1	0.09
尽可能	3	1	0.09
幼儿园	3	1	0.09
开放式	3	1	0.09
方法论	3	1	0.09
有意识	3	1	0.09
由浅入深	4	1	0.09
社会关系	4	1	0.09

图 2-3　词语云 2

（4）具体构建形成教师关键行为结构框架

在前期咨询和讨论的基础上，对"教师关键行为结构表"进行多次集中研讨，随着课题研究的不断完善，进一步明确 8 个关键行为的内涵和 16 个观测点，形成更为完善的"教师关键行为结构表"（详见表 3-1）。

如：课题组最初提出的"改进"模块的两个关键行为是"深度学习"和"持续反思"，通过专家意见征询和词语云分析，不断修正、完善，最终确定"改进"模块的两个关键行为是"系统反思"和"持续优化"，将重点落在通过反思优化教育教学实践上。

在"教师关键行为"核心概念、结构框架和内涵的明晰过程中，是以教研员为代表的专家智慧的凝聚过程，也是不同学段、不同学科的教研员在不同教育场景下（长期扎根于基层的教育教学研究指导）积淀的实践智慧的显性化、理论化的过程。它确立了教师关键行为的框架并为明晰内涵打下了扎实的实践基础，同时为结构表的优化改进提供了开放性的路径。

2. 实践性检验——教师关键行为优化验证性问卷的设计与使用

为把握区域中小学、幼儿园教师关键行为优化的过程性成效，为精准优化的路径设计和改进提供支持，一方面通过教研、培训、科研等部门联合策划专项行动、培训课程、主题教研等对教师关键行为优化进行过程性指导，另一方面依据有关理论、课题核心概念和框架，编制调查问卷，对关键行为优化的成效进行检验。问卷编制经过不断拟写和修改，最终从关键行为的需求度和提升度两方面开展调查。

（1）依据有关理论，编制问卷，实施调查

课题组学习教育部颁发的《教师专业标准》(中学教师、小学教师和幼儿园)，《核心素养时代的课改思考》以及《提升专业实践力：教学的框架》等关于教师核心实践的大量文献。还学习有关问卷编制技术，结合课题对教师关键行为的界定，力求把握教师关键行为的实然和应然状态，参阅上海市小学学业质量绿色指标教师背景问卷调查编制、上海师范大学教师教育学科编制的《全国教师专业成长问卷调查》、PISA 测试关于教师背景问卷的编制设计以及区域开展个性化评价调查教师问卷编制等思路。

在编制问卷前，对"教师关键行为"的内涵、观测点和行为表现进行充分研讨，明确其内涵和外延，编制了问卷。在题目编制上，依据"教师关键行为结构表"的 8 个关键行为和 16 个观测点，分为 8 个模块，问卷设计力求反映面向未来的教育发展趋势，反映核心素养培育和实践中发现的有关问题和不足，从关键行为的优化程度和需求程度拟定，全部采取程度性选项。删去语义含糊或重复项，最终确定 81 个题目。从学段、学科、任教年级、职称、教龄、性别、是否为班主任、最后学历等方面采集信息。

（2）依据结构表实施现场观察，检验成效

在分析问卷调查结果的同时，教研员在现场诊断中使用教师关键行为结构表观察分析教师关键行为的现状，在现场实时反馈给任教教师，总体上获得的观察结果与问卷调查互为反馈、修正和印证，实现量化分析与经验判断的互证。为教师关键行为优化区域行动策划与实施、改进的循环实践提供了证据。

（三）诊断为基，行动为要，探索教师关键行为优化的区域特色路径

教师关键行为的优化路径、策略和方法是课题研究的重点任务。课题组通过专业诊断、联合指导、专项行动策划等方式，开展教师关键行为提升的区域实践，并不断反思改进。在行动过程中收集相关数据，对原先的分析、计划和实施进行适时的调整，形成问题—行动—反思—改进循环。

1. *开展专业诊断——构建教师关键行为的现状分析与优化行动链*

注重证据搜集与应用是提升研究有效性和针对性的重要举措。为更加精准地把握教师关键行为优化中的需求和问题，课题组把调研发现问题作为取得证据的起点，丰富调研形式，深入现场开展常规一日调研、一周浸润式调研、"深蹲式研修"、发展性视导等，在野式调查使课题组更为敏锐地把握常态教学下的教师关键行为的真实状态。从诊断的具体教学问题出发，初步构建"基于实证的诊断与改进——四步三阶行动链"（见

图 2-4），提升优化教师关键行为的精准度。

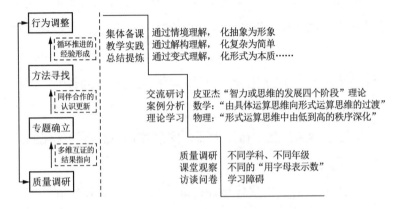

图 2-4　基于实证的诊断与改进——四步三阶行动链

(本图提供者：张俊雄)

2. 策划专项行动——创设教师关键行为优化的系列载体

课题组以区域推进课程教学改革过程中形成的"专项行动运作机制"为载体，以调研中发现的教师提升需求设计专项行动，点面结合推进教师关键行为的优化。区域层面重点专项行动的推进基本经过了发现问题—设计行动方案—发布行动方案—落实行动方案的过程。学校层面也积极开展探索教师关键行为优化的路径方法。

（1）发现并研究教育改革发展中的热点、难点、堵点

通过日常调研发现，教师在实施新课程标准和课程方案过程中，在学习活动设计、大单元教学、整本书阅读、作业设计、项目化学习等方面存在困惑和需求，需要不断改进，而这些问

题正是教育教学改革深入推进的切实需求，也是教师关键行为的重点内容，而不同发展阶段和教龄的教师，发展需求又各不相同。2021 年 12 月—2022 年 1 月，课题组召开了由教研员、一线学科教师和学校领导参加的研讨会，组成数个专项行动研究小组，研究优化策略和方法。

（2）研究与实施指向教师关键行为优化的系列专项行动

专项行动是静安区推进课程教学改革的特色路径，具有教师参与面广、持续周期长、推进过程实、专业支持程度深的特点。课题组认为，专项行动设计不仅可以成为推进关键行为优化的特色载体，更可以助推关键行为优化研究的协作机制的形成，体现了多方协作、不断反思完善的过程。多方互动的过程是凝聚共识的过程，也是不断明晰和完善各专项行动推进的要义的过程。

课题组研制了"基于核心素养培养的学习活动设计专项行动方案""基于素养的新题创生行动方案""静安区职初教师（2—5 年）胜任力发展专项行动实施意见""静安区中小学幼儿园教师'515 工程'行动方案""'激活学生创造力·日常教学新样态'专项行动"等，于 2022 年 3 月起陆续面向全区发布。如"基于核心素养培养的学习活动设计专项行动方案"形成了"关于区域推进基于核心素养的学习活动设计的方案""基于核心素养的学习活动设计的操作要义"等指导性工具，2022 年又设计了子项目申请表，帮助教师掌握学习活动设计的思路和操作性要点。"基于素养的新题创生行动方案"形成新题设计样例选、新题设计与实施工作单,详细呈现了"新题设计的要素、反思改进、创生价值文本"要点和认知水平说明、创意表现等新题设计指导性思路和案例,为教师设计新型作业题目提供了支架。针对不同发展阶段的教师关键行为优化的需求,"静安区职初教师(2—5年)胜任力发展专项行动"研制了"TBL任务式学习手册","静安区中小学幼儿园教师'515'工程行动方案"研发了"教师微能力认证平台"(详见第八章)。

表 2-3　静安区教师关键行为优化系列专项行动

基于核心素养培养的学习活动设计专项行动
基于素养的新题创生专项行动
静安区职初教师(2—5年)胜任力发展专项行动
静安区中小学幼儿园教师"515工程"专项行动
静安区教育反思专项行动
"激活学生创造力·日常教学新样态"专项行动

静安区教师关键行为优化系列专项行动,覆盖不同学段、不同发展阶段教师,力求提高针对性,实施过程体现互动性、个性化关照。

(3)搭建展示交流平台,深入推进行动落实

课题组持续推进各专项行动,对分管校长、教导主任解读指导培训;对学院相关部门教师进行解读指导培训;对一线相关教师进行解读指导培训。根据研究进展,课题组结合"静安

教育学术季"搭建展示交流平台，开展研讨，发布专项行动，交流阶段进展，提炼经验。

表 2-4　静安区教师关键行为优化部分专项行动推进表

平台和时间	主　题	形式与内容
第四季静安教育学术季（2020 年 1 月）	全学段整本书阅读的设计与实施	专题论坛（指向设计与实施模块关键行为优化）
第五季静安教育学术季（2020 年 1 月）	核心素养视阈下高中单元作业设计与实施	专题论坛（指向设计与实施模块关键行为优化）
第四季静安教育学术季（2020 年 1 月）	初中教研组长的专业成长	专题论坛（指向改进模块关键行为优化）
第五季静安教育学术季（2020 年 12 月）	在关键行为优化中追寻价值	专题论坛（幼儿园教师关键行为优化探索）
第六季静安教育学术季闭幕式（2022 年 3 月）	指向核心素养的学习活动设计与实施	专题论坛　发布行动方案
第六季静安教育学术季闭幕式（2022 年 3 月）	静安区中小学（幼儿园）教师"515 工程"专项行动	专题论坛　发布行动方案
第六季静安教育学术季闭幕式（2022 年 3 月）	基于素养的新题创生专项行动	专题论坛　发布行动方案
第七季静安教育学术季（2022 年 9 月）	静安区职初教师（2—5 年）胜任力发展专项行动	发布《TBL 任务式学习手册 1.0 版》（指向关键行为优化的支持保障探索）
第七季静安教育学术季（2023 年 3 月）	基于素养的新题创生专项行动	专题论坛（指向设计、实施与改进模块关键行为优化）
第七季静安教育学术季（2023 年 3 月）	普通高中双新推进区校联动项目阶段汇报：发达城区高中语文阅读能力标准研制、优化教师关键行为的学校探索	专题论坛（指向发现模块关键行为优化）

（续表）

平台和时间	主　题	形式与内容
第八季静安教育学术季（2023 年 11 月、2024 年 1 月）	"激活学生创造力·日常教学新样态"专项行动推进、教学指导手册研制研讨	专题论坛教学指导手册研制交流（指向关键行为优化的支持保障）
第八季静安教育学术季（2024 年 1 月）	数字加持　探索研教新样态——上海市中小学教学数字化转型展示活动（静安专场）	专题论坛（指向关键行为优化的支持保障）

　　教师关键行为优化专项行动的设计是系列化、结构化的，契合"教师关键行为"结构表的八大关键行为，具有内在关联性；针对不同学段、不同发展阶段、不同学科的教师需求，体现对差异性的深度关照，共同构成静安促进教师关键行为优化的区域特色路径和载体。

　　3. 设计培训课程——拓展教师关键行为优化的区本路径

　　针对教师关键行为的优化点，课题组结合区域教育发展要求和特点，针对性研发系列培训课程（详见第八章）。

　　（1）开发前沿纵览通识培训课程

　　如针对教师关键行为发现板块之"敏锐研判"行为，开发前沿纵览通识培训课程，旨在帮助教师掌握了解社会、科技、教育发展前沿和趋势的知识，引导教师主动学习、把握教育政策环境的变化，并能在教学中主动反映和顺应变化。研发的前沿纵览通识培训课程有："线上教学平台使用""教育科研能力提升研修工作坊""前沿纵览通识课程——人工智能在教育中的应用场景、元宇宙与教育场景""在线教学与未来教育创新""常变情景下的情绪弹性增进""义务教育课程方案及课程标准解读培训""我国教师专业发展政策导读"等。

表 2-5 静安区教师关键行为优化之《前沿纵览通识培训课程》菜单列举

线上教学平台使用
教育科研能力提升研修工作坊
人工智能在教育中的应用场景
元宇宙与教育场景
在线教学与未来教育创新
常变情景下的情绪弹性增进
义务教育课程方案及课程标准解读培训
我国教师专业发展政策导读

课题组还开展了高中理化教师学科知识情况调研，了解教师学科知识水平现状，在此基础上设计并实施教师学科知识优化与提升的培训课程。

（2）开展"教师微能力认证"研修探索

教师关键行为优化中的"改进"板块，提出教师需要收集多元证据进行系统反思，持续循环改进教育教学行为。组织实施"指向实践行为改进的教师微能力认证研修"，重在基于实践证据的问题聚焦、立足问题解决的教师教育教学行为修正。微认证是一种面向成人的在职能力认证方式，指向实践能力，具有"小而实"的特点。作为教师研修课程，微能力认证研修主要是为教师提供一种证明正式与非正式学习及成果的机会，教师可以用教育教学实践成果（如课堂录像、教学反思、课程计划等）作为证据，申请评估和认证他们已经掌握或发展的能力，是教师收集证据、分析证据过程中自我优化关键行为的一种全新的探索。目前，设计了六个方面的微能力认证体系，分别是教师课堂教学能力微认证、设计思维微能力认证、学前教育实践微能力认证、中小学教师信息技术应用微能力认证、高中信息科技教师微能力认证、在线教学微能力认证，并形成方案，面向全区教师发布，根据教师微能力认证的数量与质量，开展评选和交流分享。

表 2-6　静安区教师关键行为优化的微能力认证体系

课堂教学微能力认证
设计思维微能力认证
在线教学微能力认证
中小学教师信息技术应用微能力认证
高中信息科技教师微能力认证
学前教育实践微能力认证

4. 研发优化工具——搭建教师关键行为优化的行动支架

工具在教师关键行为优化上，起着脚手架的作用。针对关键行为优化点，课题组成员开展针对性的优化工具研发，重点针对"设计"和"实施"板块的关键行为，设计优化工具包。如学习活动设计工具包（要素与流程）、语文学科评价工具（语

文阅读高中学段能力标准、初中语文表现性评价量规）、初中新
题设计与实施工作单、高中数学课堂表现性评价量规等。又如，
研发《TBL 任务式学习手册 1.0 版》《"激活学生创造力·日常教
学新样态"教学指导手册》等，为教师专业发展优化关键行为
提供支持。

（四）样例解析，平台创建，构建教师关键行为优化的扁平化、数字化支持保障机制

1. 进行样例解析——提炼教师关键行为优化的要则

课题组成员通过专项行动、整体推进研究，积累近百份教
师关键行为的案例，分布于高中、初中、小学和学前各个学段。
课题组从以下三个方面开展案例分析。

（1）深度分享关键行为优化优秀案例

比如，对于教师关键行为优化之"适切交互"行为，社会
性情绪能力课程实施过程中发现教师在"适切交互"方面存在
一些不足，针对这些不足，寻找解决优化策略和办法，最后对
"适切交互"行为的优化提出了建议。该案例比较完整地呈现了
优化"适切交互"关键行为的策略和思路。又如，教师关键行
为优化之"合理创生"，教研员发现教师在"设计"板块"目标
设计"上存在不足，针对这一行为优化设计"厘清单元教学内
容—转化课时教学目标—引导教师优化目标设定的策略"的思
路，取得成效。推介这些优秀案例并在全院进行交流，为优化
教师关键行为以及挖掘典型样例提供了示例。

（2）由点及面挖掘关键行为优化典型样例

研训人员根据教师关键行为结构表，发现典型经验，提炼教师关键行为优化的证据，从提出问题、优化思路策略方法、成效反思等角度，发掘典型案例。力求案例做到不同学段、不同学科全覆盖。经过两轮全覆盖的挖掘，共收集案例百余份。

（3）开展质性分析提炼关键行为优化要则

对收集的案例进行归类、整理、分析，从中提炼剖析教师关键行为优化的策略、方法，进行多轮分析和探讨。比如第一轮从发现问题、诊断找准需求、优化策略等方面进行归类整理，但发现存在支线众多、内容重合、解读困难等问题。第二轮分析从教师关键行为基本要素和具体表征对案例进行归纳梳理，体现共性特点和学科特色撬点，但依然存在碎片化、缺少主线连接的问题。第三轮从问题的诊断与问题表现、优化的典型样例解析、行为优化的操作要点或建议进行分析提炼，提出操作要则具象化，无需太抽象；要有可操作性；要带有学段学科特征；聚焦问题，等。

典型样例的挖掘与分析既是教师关键行为优化的证据，为教师关键行为优化的研制和样例库建设奠定坚实的基础。（详见第四—七章）

2. 搭建数智平台——为教师关键行为优化提供数智化支持

（1）数智化教研平台是教育数智化背景下区域优化教师关键行为的必然选择

随着信息时代的到来，技术加持为教师专业发展提供赋能新载体和新路径，信息获得的便捷性、可视化、可选择，使得教师可以更为自主且更具针对性地优化自身的教育教学关键行为。在此背景下，地区教育研训机构的工作载体以及优化教师关键行为的载体必须进行数字化、数据化转换，推进教育数智化背景下教研工作转型。为此，搭建"数智教研与管理"平台，被誉为第四个助手——"教研助手"。

（2）数智化教研平台是区域教研转型对教师关键行为优化的有力支持

实现教师关键行为优化过程的数智化、可视化。平台以地区教育研究培训工作的核心场景数智化构建为目标，通过数字化、智能化、场景化融合建设，实现优化教师关键行为工作的流程数字化构建，搭建教研管理的内部生态共研体系，实现区域教育研究培训工作和教师教育教学反思的专业、协作和可持续发展，激发教育研究的新活力。

实现教师关键行为优化过程的资源集成化。数智化教研平台是教研工作的新载体、新助手，摆脱了过去教研员和教师传统面对面交流时的信息随着时间的推移发生损耗和边际效应递减等局限性，通过应用数字化工具进行教育教学观察记录交流讨论，将教师教学设计与实施的对比信息、教研员与教师面对面交流的信息数字化，集成到平台，进而帮助教师发现问题，找出改进的方向，为教育教学反思改进提供了直接的数智化可视化信息。

提高教师关键行为优化过程的多主体互动化。通过数智化教研平台的常态应用，有效服务于区域各学科教研工作组织参与教研活动的数智化过程管理。不仅教研员和教师个体的互动可以留下痕迹，而且其他同学科、感兴趣的教师可以一起参与讨论，实现教师关键行为优化过程的多主体智慧共享。

在这样的背景认识和功能定位下，课题组成员对平台的框架、建设周期和具体内容进行多次反复研讨、试用，收集教研员和教师的使用情况和反馈的数据，进行分析，并进阶到 2.0 版，平台还将在使用中不断改进和优化。静安区数智化教研平台与管理的建设，是静安区教育数智化新发展的重要保障机制和手段，也是本书呼应、顺应教育数智化趋势，优化教师关键行为载体创新的应然之举（详见第八章）。

研究经过深度研讨、扎实行动和持续改进取得了成效。本书从教师关键行为的背景与意义、设计与实施、核心概念的内涵解读和现状分析、教师关键行为优化的行动探索和支持机制构建以及实施成效与反思，整体呈现地区教育研训机构直面教育改革发展中的问题和挑战，并以优化教师关键行为的研究提升教师教育教学能力，深化地区研训机构的功能。

第三章
教师关键行为的解读与把握

一、教师关键行为的内涵解读

教师关键行为的内涵是什么，由哪几个要素构成，其结构是怎样的？为了深入探究教师关键行为，以上是我们必须厘清的问题。

（一）文献梳理

在讨论什么是"教师关键行为"之前，我们先对"教学行为"进行梳理。施良方和崔允漷认为，教学行为是教师引起、维持和促进学生学习的所有行为，其包括主要教学行为和辅助教学行为。[①]唐松林认为，教师行为是教师在教学活动中，对自己能有效地实现教育目标、完成教学任务的能力的自觉与信念，教学行为是教师通过专业化训练，在教学实践中形成的与

[①] 崔允漷：《有效教学：理念与策略（上）》，《人民教育》2001 年第 6 期。

其教育思维、人格特征、认知结构相适应的行为方式的总和。①
张建琼认为，教学行为从结构看，由施行者、施行过程、行为
结果等组成；从存在方式看，可分为外显行为和内隐行为，外
显教学行为指教师或学生所说或所做等可见行为，涉及教师和
学生怎样说、怎样做；内隐教学行为指教师或学生在做出具体
的可见行为之前头脑中的先念思想、观念，解决教师或学生之
所以这样说和这样做的问题；从发生、发展来看，教学行为总
是在一定条件下发生的，是不断变化的，没有适合任何教学情
境的教学行为。罗生全认为，教学行为是教师为实现一定的教
学目标而采用的一系列问题解决的行为，其是教师整体素质的
外化形式。

　　随着教育实践的发展，人们对"有效教学行为"进行了研
究。有效教学的理念源于 20 世纪上半叶西方的教学科学化运
动。"有效教学"的提出也是"教学是艺术还是科学"之争的产
物。教学是艺术，这是 20 世纪以前在西方教育理论中占主导地
位的教学观，它倡导教学是一种教师个性化的、没有"公共的
方法"的行为，一种"凭良心行事"的、"约定俗成"的行为，
主张影响教学过程的因素是复杂的、教学结果是丰富的，难以
用科学的方法进行研究。但是，随着 20 世纪以来科学思潮的影

---

① 崔允漷：《有效教学：理念与策略（上）》，《人民教育》2001 年第 6 期。

响，以及心理学特别是行为科学的发展，人们才明确地提出，教学也是科学，也就是说，教学不仅有科学的基础，而且还可以用科学的方法来研究。于是，人们开始关注教学的哲学、心理学、社会学的理论基础，以及如何用观察、实验等科学的方法来研究教学问题，如程序教学、课堂观察系统、教师与学生的行为分析、教学效能核定的指标体系以及教学行为、结果变量等。有效教学就是在这一背景下提出来的，它的核心问题就是教学的效益，即什么样的教学是有效的，是高效、低效还是无效？"有效教学的理念"主要包括下列这些内容：有效教学关注学生的进步；有效教学关注教学效益；有效教学更多地关注可测性或量化或发展；有效教学需要教师具备一种反思的意识；有效教学也是一套策略。

概括而论，国内外关于有效教学行为的理解大致可以分为三类：（1）从教学目标的角度理解，有效教学行为是能实现教学目标的行为；（2）从教学效果的角度理解，有效教学行为是能让学生获得更好学习成就的行为；（3）从教学能力的角度理解，有效教学行为是指教师能够实现合理、灵活教学的能力。

（二）内涵阐释

何为教师关键行为，文献中尚无明确统一的界定。课题组初步认为，**"教师关键行为"**是指面向新时代要求和未来教育发展趋势，教师在教育教学等育人实践活动过程中，以发现、设计、实施和改进为基本行动模块，采取和呈现的，对学生核心素养培育有特别影响的，典型、必要和关联的行为和操作实践。教师关键行为具有情意性、创生性、整合性、交互性等特点。

1. 教师关键行为的模型

课题组尝试采用金字塔图形来表达教师关键行为（见图 3-1）。在图 3-1 里，教师专业信念、专业能力和专业知识是教师关键行为的支持因素，是金字塔的底座，关键行为是在"发现、设计、实施、改进"的行动模块中表现出来的操作实践，最终指向育人。

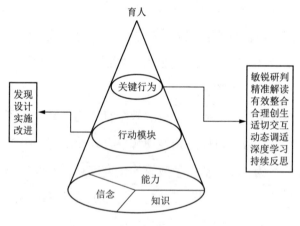

图 3-1　教师关键行为示意（一）

课题组还尝试用鱼骨图表达教师关键行为（见图 3-2）。教育、教学活动是教师育人实践的日常工作领域，课题组认为，在不同的领域，教师关键行为的具体指向呈现出领域特征、学科特征。在教师不同的专业发展阶段，呈现出阶段性特征。在复杂的育人实践活动中，教师在不断发现、设计、实施和改进的循环往复和螺旋上升过程中，通过优化关键行为，实现专业成长。

■ 教师关键行为鱼骨图

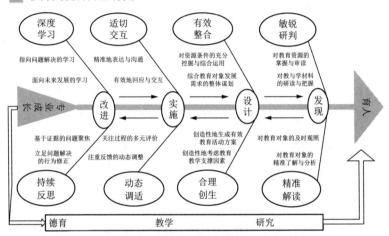

图 3-2　教师关键行为示意（二）

2. 教师关键行为的特点

教师在教育教学等育人实践过程中，以发现、设计、实施和改进推动教育教学行动，教师关键行为具有情意性、创生性、整合性、交互性等特点。

（1）情意性

教师在育人过程中需要教师投入大量的情感。教育教学中出现的各式各样的问题，需要教师和学生之间建立的情感链接来解决。已有情感链接的强弱甚至在一定程度上影响教育教学的效果。教师面对教育教学中的问题和困难，需要注入大量的情意，才能敏锐地发现问题，充分挖掘和整体谋划，有效生成合理的方案，互动、反思，实现育人的效果。最终效果的高低与学生的情意投入也紧密相关。

（2）创生性

教师的关键行为不是固定的、模式化的，而是依据不同的问题、不同的教育对象、不同的资源动态变化的。教师在不断发现、设计、实施和改进的循环往复和螺旋上升过程中，不断地创生新的情境，创生有效的教育活动方案，根据学生的实时回馈，动态调试方案，实现最优化的效果。

（3）整合性

教师关键行为的优化，体现已有证据、资源、学生反馈的不断整合，动态调整方案，有效地回应，立足问题解决，指向未来发展。教师关键行为是不断发展、整合已有问题和资源的过程。在动态整合的过程中，实现教师的专业发展和教育的最好效果。

（4）交互性

教师关键行为是教师不断地与学科内容交互、与教育资源交互、与学生现有的学习水平等交互的过程。教师敏锐研判教材与资源，精准地表达与沟通问题，适时了解学生掌握知识的情况，动态调整教育教学策略，实现有效教学的过程中需要教师不断地与教材、教育对象、教育环境交互。

（三）要素解读

课题组以"发现、设计、实施和改进"四个交互和关联的行动模块为基点，根据日常教师行为观察、区域前期调研和文献研究等，构建 8 个关键行为，并概括每个关键行为的内涵和观测点。

表 3-1　教师关键行为结构

模块	关键行为	内涵界定	观测点
发现	敏锐研判	研判教育态势，把握学科的本质与育人价值	对教育环境的感知与分析
			对教与学材料的研读与把握
	精准解读	精准了解教育对象，把握学生的思维规律、心智、非认知特点	对教育对象的即时感应与观照（侧重学生当下的德育方面的状态的总体把握）
			对教育对象的精准了解与分析（侧重认知方面）
设计	有效整合	广泛搜集、深度挖掘资源材料，根据需求统筹考虑学科课程实施、活动开发	对资源条件的分析和梳理
			基于需求的资源选择与匹配
	合理创生	在研判、解读和整合的基础上，创造性生成最优化方案	可测可评的目标设定
			达成目标的学习活动设计
实施	适切交互	精准地表达与沟通，有效地回应与互动	多主体根据情境和需求进行沟通
			及时进行多向回应与互动
	动态调适	运用过程性多元化评价策略技术评估学习情况并适时调整优化	关注过程的多元评价
			注重反馈的动态调整

（续表）

模块	关键行为	内涵界定	观测点
改进	系统反思	设计多种工具，收集多元证据进行系统分析，找出问题，明确改进方向	基于多种手段方式的证据搜集与分析
			根据证据分析，找准问题
	持续优化	形成改进方案，循环改进教育教学行为	针对问题，制定新一轮实施方案
			根据方案，开展新一轮实践

八个关键行为的具体内涵解读如下：

1. 敏锐研判

教师要能敏锐研判教育态势，把握学科的本质与育人价值。这包括两方面的内容，一是对教育环境的感知与分析，二是对教与学材料的研读与把握。一方面，教师要密切关注教育大环境，及时了解最新的教育政策、教育趋势，关注当前教育的热点问题，通过不断地了解、学习，领会最新的教育思想，将前沿的教育观念融入日常的教育教学中；另一方面，教师要对学科内容、课程标准、教材内容、教学资源准确把握，通过分析教材和学情，把握教学的目标重点和难点，教师要持续不断地研究教材，关注教育前沿问题，通过科学研究的方式，探究教育问题，明确育人价值。

2. 精准解读

精准解读指的是教师能精准了解教育对象，把握学生的思维规律、心智、非认知特点，包括对教育对象在思想方面的即时感应与关照和在认知方面的精准了解与分析。前一个方面侧重德育，教师要即时关注教育对象的情绪、学习态度等身心状况及其变化。这里的"即时"指立即、随时、自觉、主动、有意识，强调教师对学生德育方面的变化要能实时感知，通过观察，对学生的各种状况有相应的感受与判断，准备采取行动回应。后一个方面侧重认知，教师要对不同群体（或类别）的学生有全面了解，对具体学生的情况能个别化、连续动态地深入跟进，对教育对象的学习进程能准确把握，正确评估。

3. 有效整合

有效整合指的是教师能广泛搜集、深度挖掘资源材料，根据需求统筹考虑学科课程实施和活动开发。有效整合包含两方面的内容。一是对资源条件的分析和梳理。资源条件包括场所、设施设备、研学资料、人力资源、技术手段等。教师能对资源的教育教学功能进行分析，依据教育教学目标，分析、归类、筛选、重组资源，实现更好的教育效果。二是基于需求的资源选择与匹配。需要教师能作出指向学生终身发展的学习企划，帮助学生明晰生涯发展规划的学科路径，能考虑学生的持续、健康、有个性地发展。

4. 合理创生

合理创生指的是教师在研判、解读和整合的基础上，创造性地生成最优化方案。合理创生是教师基于前期研判、解读、整合的基础上的整体设计，也包括两方面的内容，一是可测可评的目标设定。强调以学生为主体，目标要指向问题解决或任务完成，目标能体现与学习结果相匹配的学习经历及水平层级等。二是达成目标的学习活动设计。围绕学习目标，选择活动的内容、途径、策略、方法、手段、工具，设计激发兴趣和思维的学习情境、挑战性任务，伴随学习进程的评价等。

5. 适切交互

适切交互是指教师在教育教学过程中能根据情境和需求多主体进行精准地表达与沟通，有效地回应与互动。教育的不同主体——教师、学生、家长等能围绕不同的内容、主题进行沟通交流，让学习者明确学习目标，完成学习任务，推进学习进程，达成良好的学习结果。教师能在教育教学不同环节有效地借助不同的工具，及时进行多向回应与互动，达到适切交互。

6. 动态调适

动态调适指教师能运用过程性多元化的评价策略，评估学生的学习情况并适时调整优化教育策略。这需要教师关注学生学习过程的多元评价。教师可以通过记录表、反馈表、评价表、观察表等多种方式，即时记录学生在活动过程中的多方面表现（情感、认知、进度、结果等）并分析评估。再依据评估信息，关注教师原先预设与生成的差异，发现问题。根据新问题和新情况，教师及时调整教与学的策略。这个过程是不断反复、动态调整的过程，贯穿教育教学的各个环节和整个过程。

7. 系统反思

系统反思是指教师设计多种工具，收集教育教学过程中的多元证据，进行系统分析，找出问题，分析原因，明确改进方向。教师要在教育教学中，充分运用观察、问卷、访谈、实物分析（包括作业、作品、成果等）等手段方式，汇集多元证据，进行深度分析。根据证据分析，找准问题，通过开放式研习，提炼并综合分析，找出优势与不足。系统反思有利于对以往策略的调整，以达到最优的效果。

8. 持续优化

持续优化是指形成改进方案，循环改进教育教学行为。针对教育教学过程中遇到的问题，分析原因，不断优化，制定新一轮的实施方案。制定新方案要根据发现的问题，综合考虑资源、情境等各方面的现状，优化内容，选择适切的方法手段，形成改进方案。再根据新的方案，开展新一轮实践。在新一轮实施中，关注过程与成效，循环改进，持续优化。

以上八个关键行为，分别构成教师育人实践活动过程中"发现、设计、实施、改进"四个交互和关联的行动模块，共同构成教师的关键行为。

二、教师关键行为的现状分析

在对教师关键行为进行内涵阐释和要素解读后，基于对教师关键行为的基本分解，课题组编制了《教师关键行为调查问卷》，就教师的八个关键行为设计相关问题，并对区域学校开展调查。

调查历时 5 天。参与调查的教师可在电脑或手机上完成问卷。网上问卷在学校指定的时间内开放，过时则无法在网上提交问卷。调查方案强调旨在了解教师关键行为的现实状况，作为区域推进课题实施的重要依据。每所学校的调查数据仅供研究之用，均不公开。我们强调学校在调查过程中请务必保证数据收集的客观真实性。

本次共调查了 1328 名中小学教师，共回收问卷 1328 份，其中有效问卷 979 份，有效问卷率为 73.7%。我们用 SPSS 对统计数据进行分析，具体结果呈现如下：

（一）教师在"发现"方面的关键行为状况

教师要能敏锐研判教育态势，把握学科的本质与育人价值。这包括两方面的内容，一是对教育环境的感知与分析，二是对教与学材料的研读与把握。课题组经过调研发现教师在这方面既有做得很扎实的地方，也存在一些问题。

教师能够细致研读教材和课程标准，对学科的目标、内容、方法有基本把握，对教学重难点有基本了解。教师能了解学生的年龄特点、学习风格、当前学习内容掌握的情况等。但教师在以下方面还存在一些问题。

1. 教师对教改新形势关注不够，对新任务研究不够

社会已经进入信息化、智能化的新时代，这对人才培养提出更高的要求。但是，我国的教育体系、教学方法和内容，以

及评价方式等，在一定程度上滞后于社会的需求。学校过于注
重学生对知识的掌握，忽视学生的个性发展、情感需求和社会
责任感等方面的培养。这导致学生综合素质的缺失、教育质量
的不均衡等一系列问题。进行教育改革，提升教育质量和效率
已经成为急需解决的问题。调查结果反映出教师对教改形势关
注不足（见表 3-2）。

表 3-2　教师对敏锐研判当前教育形势的需求情况

题　目	需求程度	频　数	百分比
关注全球教育发展的热点、趋势	没有需求	49	5
	低度需求	206	21
	中度需求	574	58.6
	高度需求	150	15.3
关注中国教育改革的重点、难点问题	没有需求	28	2.9
	低度需求	124	12.7
	中度需求	537	54.9
	高度需求	290	29.6
关注当地教育改革动态	没有需求	22	2.2
	低度需求	131	13.4
	中度需求	471	48.1
	高度需求	355	36.3

　　从表 3-2 可以看出教师对教育环境的感知与分析能力较弱，
有待进一步提高，教师在敏锐研判教育环境等方面的需求没有
得到满足。

　　从具体的题目来看，教师对全球教育发展的热点、趋势，

中国教育改革的重点，对当地教育改革动态等难点问题关心不够。对教育政策、改革的动态不敏感。访谈中有教师说："世界形势离我们太远了，教改还是要回归课本，踏踏实实研究教材才是最有效的办法。"

教师是教育改革的主要执行者，需要善于发现，敏锐研判教育环境的最新变化，将新的教育理念、教学方法和评价方式应用到实际教学中，以推动改革的深入。因此，教师需要关注教育改革的发展方向，理解并掌握新的教育理论和教学方法，以便更好地实施改革。但教师对教育改革的关注不够。教师缺乏主动参与教育改革的热情。一些教师对教育改革选择保持、观望的态度，而不是积极参与其中。他们或者不主动参与讨论，或者不愿意尝试新的教学方法和策略，或者认为教育改革是教育政策制定者需要考虑的宏观问题。

2. 教师对学生个体差异的关照不足，不能及时调整教学策略

教育改革的目的在于促进学生的全面发展。在教育的全过程中，个性化需求对于学生的发展具有极其重要的影响。每个学生都是一个独立的个体，他们有着各自不同的兴趣、天赋、学习方式，这就要求教师能够关注并理解他们的个性化需求，培养出有独立思考能力、有创新精神、有社会责任感的人。

然而，由于教育资源有限，教学任务繁重，教育评价的导向，教师对学生的个体差异关照不够。教师仍然按照多年习惯的方式进行教学，没有积极调整自己的教学方法。一些教师可能缺乏必要的教育理念和技能，无法有效地识别和满足学生的个性化需求。又由于班级授课制度，课时有限，教师可能很难满足所有学生的个性化需求。调查发现了一些问题。有教师反馈说："一节课要完成的教学内容还是挺多的，个别学生的问题，我没有办法在课堂上给他充分的时间表达和思考，只能课后解决。一个班级那么多学生，老师也很难。"

表3-3　教师对精准解读学生个性化差异的需求情况

题　目	需求程度	频　数	百分比
分析把握学生的自我调控水平	没有需求	18	1.8
	低度需求	140	14.3
	中度需求	463	47.3
	高度需求	358	36.6
分析把握学生的兴趣爱好	没有需求	22	2.2
	低度需求	154	15.7
	中度需求	453	46.3
	高度需求	350	35.8
了解并把握学生的知识基础	没有需求	20	2
	低度需求	114	11.6
	中度需求	431	44
	高度需求	414	42.3
了解并把握学生的学习风格、学习策略	没有需求	18	1.8
	低度需求	137	14
	中度需求	470	48
	高度需求	354	36.2

通过表 3-3 可以看出，教师对学生的学情缺少精准解读的能力和需求，教师对学生的自我调控水平，对学生的兴趣爱好、基础知识、学习风格、学习策略的关心和关照还不够，这方面的需要还没有得到满足。如果教师不能精准解读学生的学情，不能做到精准研判，可能会对学生的学习动力、兴趣产生负面影响。学生的潜力和才华无法得到充分发掘和发展。

因此，学校和教师应该更加重视学生的个性化需求，并努力创造条件满足学生的个性化需求。比如提供更多的选修课程、开展个性化的教学辅导、利用技术工具来支持学生的个性化学习等。只有这样，才能真正做到以学生为中心，关照学生的个性化需求，让每个学生都能在受教育中找到属于自己的价值和意义。

3. 教师对新技术的运用较滞后

新技术为教育带来新的机遇和挑战。随着科技的不断发展，新技术在教育领域的应用越来越广泛。在线学习平台、虚拟实验室、多媒体教学资源等，这些工具可以帮助学生更加直观、生动地理解知识，提高学习效果。学生可以通过在线课程、自主学习等方式进行学习，这些方式可以更加灵活、自主地安排学习时间和进度。然而，如果教师对新技术的运用不够敏锐，仍然采用传统的教学方式，会导致学生错过这些工具带来的优势，教学效果不佳（见表 3-4）。

表 3-4　教师对新兴教育技术应用的需求情况

需求程度	频　数	百分比
没有需求	26	2.7
低度需求	136	13.9
中度需求	489	49.9
高度需求	328	33.5
总计	979	100

通过表 3-4 可以看出，教师对新兴教育技术的需求较高，83.3% 的教师较迫切需要新兴教育技术应用相关的培训。可见，教师还处于较低的信息技术运用水平。这种滞后可能源于多种因素，包括教师对新技术不熟悉、担忧新技术会改变他们熟悉的教学方式、害怕新技术带来的额外工作量，或者对新技术效果的怀疑等。

为有效地利用信息技术改善教育，学校和教育机构需要为教师提供必要的培训和支持，帮助他们克服技术恐惧，增强技术信心，同时鼓励他们在教学中积极尝试和应用新技术。同时，教师也需要保持开放的心态，积极探索新技术在教学中的应用，不断提升自己的教学水平和能力。

（二）教师在"设计"方面的关键行为状况

教师在设计教学环节和活动时，能广泛搜集、深度挖掘资源材料，根据需求统筹考虑学科的课程实施和活动开发。需要教师基于已有的资源，充分关照教学内容和教学对象的情况，针对教育目标，结合实际，设计适合学生发展状况的教学环节和活动，以促进目标达成。

调查和访谈中显示，教师在教学设计时，能够考虑学生的兴趣和学习基础，能够注重将新授内容和学生已学知识进行有效衔接，注重研读教材，注重运用不同的教学手段。有教师在访谈中提到："我会在备课的时候，想一想，学生之前学过的相关知识有哪些，怎样引出今天要学的知识。在设计教学的时候，我也会充分考虑学生的兴趣，从他们喜闻乐见的内容入手。"但是教师在实际工作中，往往容易忽视不断变化的外界环境和学生学情，造成教学效果的低效。

1. 教师设计教学活动时对学生需求的回应不够

教学活动的设计是教育过程中的重要环节，它直接关系到学生的学习效果和学习动力。教师在设计教学活动时，必须充分关照学生的需求，以确保教学活动能够满足学生的期望，并激发他们的学习兴趣。这包括了解学生的年龄、兴趣、学习风格、知识背景以及他们当前的学习水平。通过了解这些信息，教师可以设计出更符合学生实际情况的教学活动，使教学更加具有针对性和实效性。设计出能够让学生积极参与、亲身体验的教学活动，让学生在活动中亲身感受知识的魅力，增强他们的实践能力和合作精神。

课题组的调查反映出教师在设计教学活动时对学生需求的回应不够（见表 3-5）。教师认为对学生的基础知识、能力水平、非智力因素、学习经历、达成的水平层级等未进行充分的关照，仍需加大这方面的考虑，更多地设计适合学生学习经历和水平层级的学习情境，体现多元化、新理念的最优化安排。教师在这方面的需求未得到有效满足。

表 3-5　教师在学习活动设计方面的需求情况

题　目	需求程度	频　数	百分比
充分考虑学生的知识基础、能力水平、非智力因素来制定教学目标	没有需求	15	1.5
	低度需求	130	13.3
	中度需求	431	44
	高度需求	403	41.2
目标制定体现学生的学习经历和达成的水平层级	没有需求	17	1.7
	低度需求	131	13.4
	中度需求	471	48.1
	高度需求	360	36.8
为不同学生提出适合的学习及成长要求	没有需求	16	1.6
	低度需求	130	13.3
	中度需求	464	47.4
	高度需求	369	37.7

2. 教师对教育资源的深度挖掘不够，自主加工资源的能力有待提升

深入挖掘教育资源并提升运用能力是教师提升教学质量和效果的关键环节。这不仅有助于激发学生的学习兴趣和动力，还能够促进学生的全面发展。教师需要对各类资源条件进行分析和梳理，深挖资源，根据教学目标自主加工资源。资源条件包括场所、设施设备、研学资料、人力资源、技术手段等。教

师能对资源的教育教学功能进行深度分析，依据教育教学目标，分析、归类、筛选、重组资源，实现更好的教育效果。将教学内容与实际生活、工作情境相结合，设计有效的教学环节和方案，使学生在真实情境中学习和实践。

　　表 3-6 反映了教师在设计教学内容时对教育资源的挖掘和运用不够。在"根据教学要求和学生情况，分析梳理有关数字化资源"、"根据学情分析，选择匹配有关资源"、"根据学习活动或任务要求，选择匹配有关资源"三方面，有近 80% 的教师在这几方面的需求达到了中度和高度。这些说明教师在设计教学活动和环节时，较难精准匹配有关资源以达到效果最大化。教师在这方面的能力还有待进一步提升。

表 3-6　教师深入挖掘教育资源挖掘的需求情况

题　目	需求程度	频　数	百分比
根据教学要求和学生情况，分析梳理有关数字化资源	没有需求	16	1.6
	低度需求	153	15.6
	中度需求	478	48.8
	高度需求	332	33.9
根据学情分析，选择匹配有关资源	没有需求	14	1.4
	低度需求	165	16.9
	中度需求	468	47.8
	高度需求	332	33.9
根据学习活动或任务要求，选择匹配有关资源	没有需求	17	1.7
	低度需求	150	15.3
	中度需求	488	49.8
	高度需求	324	33.1

教师在设计教学活动时应深入挖掘教育资源，结合学生的实际情况和需求，设计具有吸引力的教学活动。同时，教师可以充分利用多媒体和网络资源以及社区和家庭资源，为学生提供丰富的学习体验和实践机会。通过定期评估和调整教学活动，不断完善和优化教学策略，促进学生的全面发展。

3. 教师设计教学活动缺少创造性，内容不够丰富，方法陈旧

教师设计教学时应具有创造性，这是提升教育质量、激发学生学习兴趣、并培养他们批判性思维和创新能力的重要途径。设计教学内容或活动，需要教师有意识地深入挖掘各项教育资源，搜集丰富的资源内容，协调教学过程中可能涉及的各项教学因素，创造性地生成最适合学生实际的最优化方案，以求最大限度地激发学生的内在潜力，取得最高效的教学成果。

教师在设计教学时应具有创造性，以提供更具吸引力、有效性和创新性的学习环境。创造性的教学设计可以跨越学科界限，将不同领域的知识和技能整合在一起。教师善于设计驱动型问题，设计真实的学习情境和挑战性的学习任务，有助于学生建立全面的知识体系，并培养他们在现实生活中应用知识的能力。教师应鼓励学生提出疑问、挑战现有观点，并培养他们独立思考和解决问题的能力。

表 3-7 反映出了教师在这方面的现状。通过调查可知，教师在设计驱动性问题、设计真实的学习情境和挑战性任务方面

需求较高。教师不善于在设计教学环节时使用新技术和新工具，这在一定程度上制约了教师教学的创造性。

表 3-7　教师设计具体的教学内容或活动时的需求程度

题　目	需求程度	频　数	百分比
设计驱动性问题	没有需求	21	2.1
	低度需求	123	12.6
	中度需求	449	45.9
	高度需求	386	39.4
设计真实的学习情境	没有需求	23	2.3
	低度需求	115	11.7
	中度需求	420	42.9
	高度需求	421	43
设计挑战性任务	没有需求	18	1.8
	低度需求	130	13.3
	中度需求	468	47.8
	高度需求	363	37.1
注重使用新技术和新工具支持学习任务的开展	没有需求	18	1.8
	低度需求	147	15
	中度需求	467	47.7
	高度需求	347	35.4

教师设计教学时具有创造性，提供更具吸引力、有效性和创新性的学习环境，有助于激发学生的学习兴趣和潜能，培养他们成为具有批判性思维和创新能力的人才。教师在努力提高教学设计方面还任重道远。

（三）教师在"实施"方面的关键行为状况

教师在"实施"方面的关键行为主要包括适切交互和动态调适。在适切交互的过程中，教师需要根据学生的个体差异、学习需求和心理特点进行有针对性的引导，从而提升教学效果。动态调适则要求教师在教学过程中不断关注学生的学习情况，通过多元化的评价手段对学生的学习成果进行实时评估，并根据评估结果，及时调整教学方案，以优化教学效果。调查显示，区域教师普遍注重学生的主体地位，尊重学生的个性发展，注重与学生的沟通交流，比较了解学生的学习需求和心理特点，对学生的学习情况关注也比较及时，评价学生学习成果的手段较为丰富。尽管区域教师在适切交互和动态调适方面总体表现良好，但在具体实施过程中仍存在一些问题和困惑，主要包括：

1. 多元互动不足、不深

适切交互对于教育教学的顺利进行具有重要意义，有助于营造一个良好的教育环境，教师、学生以及其他教育参与者能够相互理解、包容和支持。为更加深入了解教师对于各项关键行为有关课程的需求度如何，课题组通过编制《教师关键行为调查问卷》，对区域中小学教师展开专题调查，其中包括教师在多元互动方面的未来提升需求情况。调查显示，教师在鼓励学生说出自己的理解和想法，以及鼓励学生用不同的思路解决问题方面，在未来提升的需求程度还较大（见表3-8）。

表 3-8　教师在多元互动方面的未来提升需求情况

题　目	需求程度	频　数	百分比
鼓励学生说出自己的理解和想法	没有需求	20	2
	低度需求	117	12
	中度需求	420	42.9
	高度需求	422	43.1
鼓励学生用不同的思路解决问题	没有需求	23	2.3
	低度需求	115	11.7
	中度需求	444	45.4
	高度需求	397	40.6

由表 3-8 可知，在多元互动方面，教师还需要进一步提升自己的引导能力，鼓励学生大胆说出自己的理解，包容学生的不同观点和想法，让学生在课堂上更加积极地参与讨论，这不仅有助于提高学生的表达能力，还能激发学生的思维碰撞，促进知识的深入探讨。同时，教师应充分挖掘学生的潜力，引导学生展开联想和想象，引导学生多角度、多层次分析问题，鼓励学生用不同的思路解决问题，从而促进学生的创新思维和个性化发展。

2. 多元评价、及时诊断有待加强

对学生的多元评价和及时诊断是教育教学工作中不可或缺的一部分。通过多元评价，教师可以更全面地了解每个学生的优点和不足，为他们提供更加个性化的指导和支持，以更好地满足学生个性化发展的需求。通过及时诊断，教师可以更好地了解学生的学习状况，从而为他们提供更有针对性的指导和帮助。教师需要不断更新教育理念和方法，以适应不断变化的教育环境和学生需求。调查发现，区域教师在对学生的表现做出及时评价，以及在教学中注重对学生进行表现性评价方面，未来提升的需求较大（见表 3-9）。

表 3-9　教师在多元评价等方面的未来提升需求情况

题　目	需求程度	频　数	百分比
对学生的表现做出及时的评价	没有需求	19	1.94
	低度需求	128	13.07
	中度需求	416	42.49
	高度需求	416	42.49
在教学中注重对学生进行表现性评价	没有需求	22	2.25
	低度需求	119	12.16
	中度需求	425	43.41
	高度需求	413	42.19

由表 3-9 可知，在"对学生的表现做出及时的评价"方面，大部分教师（42.49%）表示有高度需求，这说明教师在日常教学中非常重视对学生表现的及时评价。"在教学中注重对学生进行表现性评价"方面，43.41% 的教师表示有中度需求，42.19% 的教师表示有高度需求，这说明教师已经普遍认识到，表现性评价作为一种重要的评价方式，更有助于全面了解学生的能力、态度和价值观。

此外，课题组还对全区小学校长进行了全覆盖调研，对各校等第制评价的推进情况进行全面了解与分析。调研结果显示：97%的学校能够基本或完全了解课程标准的内涵和主要特征；100%的学校赞同等第制并更加关注学生的纵向成长；91%的学校认为等第制提供给学生的信息是明确的、具体的，反映出学校对等第制评价的内涵以及主要特征达成基本正确的认识，这些为开展等第制评价积淀了基础与信心。但调研同样也发现一些问题，如：学校普遍认为最难的是五年级评价方式的变革，65%的学校认为评价难点在于学习兴趣的评价……通过积极汇总梳理调研的信息，可以提炼评价过程中的共性问题与难点，发现个性困惑与突破点，并聚焦一些共性的问题作为未来深入探索的切入口。

3. 动态调整能力有待提升

动态调整能力是教师持续发展的重要保障。动态调整不仅意味着教师要能根据学生当前情况进行灵活地应对，同时也需要有对未来发展趋势的预见和准备。调查发现，区域教师在注重对学生的表现进行鼓励，以及根据学情调整教学的节奏、内容、方法方面，未来提升的需求程度较大（见表 3-10）。

由表 3-10 可知，增强动态调整能力在教师中的需求程度普遍较高。教师在评价学生时，需要更加关注学生的过程表现，这对教师提出了更高的要求，包括具备敏锐的观察力，能及时发现学生的优点和潜能，并给予针对性的鼓励和支持。此外，教师需要根据学情调整教学的节奏、内容、方法，这意味着教师在教学过程中要充分了解学生的学习状况，并灵活调整教学策略。

表 3-10　教师在动态调整方面的未来提升需求情况

题　目	需求程度	频　数	百分比
注重对学生的表现进行鼓励	没有需求	22	2.25
	低度需求	127	12.97
	中度需求	406	41.47
	高度需求	424	43.31
根据学情调整教学的节奏、内容、方法	没有需求	18	1.84
	低度需求	123	12.56
	中度需求	431	44.02
	高度需求	407	41.57

（四）教师在"改进"方面的关键行为状况

教师在"改进"方面的关键行为主要包括系统反思和持续优化。其中，系统反思行为是指教师能够设计多种工具，收集多元证据进行系统分析，找出问题，明确改进方向。其观测点一是基于多种手段方式的证据搜集与分析，二是根据证据分析，找准问题。持续优化则是指形成改进方案，循环改进教育教学行为。持续优化是教育教学工作的重要环节，它是一种追求卓越、不断提升的教育理念。通过不断地实践、反思、研究、改进，教师可以更好地掌握教育教学规律，及时调整教学策略。调查发现，虽然大部分教师能够运用多种手段搜集证据，进行系统分析，但仍有部分教师在面对海量数据时，难以准确找出问题，明确改进方向。在持续优化方面，一部分教师能够基于实践和反思形成改进方案，但往往因为各种原因难以坚持循环改进，在具体实施过程中，仍存在一些问题和挑战：

1. 反思的意识和态度有待强化

反思能力是教师专业发展的重要素质之一，也是提高教育教学质量的重要途径之一。通过反思，教师可以更好地理解自己的教学方法、手段和策略，及时发现教学中的不足和缺陷，并不断进行调整和改进。调查发现，区域教师在根据有关信息对自身知识、能力进行反思，以及与同行探讨交流，发现需要改进之处方面，在未来提升的需求程度较大（见表3-11）。

表 3-11   教师在反思方面的未来提升需求情况

题 目	需求程度	频 数	百分比
根据有关信息对自身知识、能力进行反思	没有需求	24	2.45
	低度需求	134	13.69
	中度需求	428	43.72
	高度需求	393	40.14
与同行探讨交流，发现需要改进之处	没有需求	18	1.84
	低度需求	134	13.69
	中度需求	445	45.45
	高度需求	382	39.02

表3-11显示，教师在反思方面未来提升的需求依然较大。首先，根据有关信息对自身知识、能力进行反思是教师专业发展的基础。随着教育改革的深入推进，教师需要不断更新自己的知识和技能，以适应不断变化的教育环境和学生需求。在表3-11中，中度需求和高度需求的教师占83.86%，说明大部分教师已

经认识到这一点，未来将会更加注重自我提升。其次，与同行探讨交流，发现需要改进之处是教师反思的重要途径。教师之间的交流与合作可以促进教育教学经验的分享，激发创新思维，帮助教师找到自身在教育教学过程中的不足之处。在表 3-11 中，中度需求和高度需求的教师分别占 45.45% 和 39.02%，表明大部分教师希望通过与同行交流来提高自己的教育教学水平。

此外，为更加科学、精准地了解区域教师在反思素养方面的现状，我们还通过自编调查问卷对区内部分中小学、幼儿园教师进行专题调查。整体而言，广大教师的系统反思能力还有待提高。例如，仅 53% 的教师表示有明确的反思记载（如反思日志、教案备注等），58% 的教师表示有一些实用的反思方法，64% 的教师表示清楚反思的要点（见表 3-12）。为此，今后还需加强专题培训，鼓励教师不断自我反思，并提高教师团队的整体反思能力。倡导全社会关注系统反思，营造鼓励批判性思维和反思能力培养的社会氛围。

表 3-12　教师在反思素养上的具体情况　　（百分比）

选　项	反思记载	反思方法	反思要点	反思改进	反思习惯
完全不符合	1	0	0	1	0
基本不符合	6	2	2	1	1
一般	40	39	34	29	28
基本符合	38	44	48	47	48
完全符合	15	14	16	22	23

2. 对证据的捕捉和运用能力不足

教师既是循证实践活动的设计者、执行者，也是循证教学证据的寻求者和研究者。一位优秀的教师必须能够快速、准确地识别、分析和运用相关证据。这不仅需要扎实的专业知识，还需要敏锐的观察力、清晰的逻辑思维和丰富的实践经验。调查发现，区域教师在注重利用学生的作业、作品、成果等实物证据进行分析方面，未来提升的需求程度相对较大（见表3-13）。

表3-13　教师在证据运用方面的未来提升需求情况

题　目	需求程度	频　数	百分比
注重利用学生的作业、作品、成果等实物证据进行分析	没有需求	25	2.55
	低度需求	144	14.71
	中度需求	469	47.91
	高度需求	341	34.83

由表3-13可知，在注重利用学生的作业、作品、成果等实物证据进行分析方面，中度需求和高度需求的教师占82%，这说明多数教师在证据分析运用方面还有待提高。未来，教师还需要从多个维度全面关注学生的学习状况，充分利用信息技术手段，如在线学习平台、教育App等，收集学生的学习数据，以便实时了解学生的学习情况和成果。

调查也发现，尽管教师循证实践现状总体良好，但是在循证素养的五个维度中，前端证据（3.82）得分相对较高，而循证知识（1.89）得分相对较低（见表3-14）。

表 3-14　教师循证实践整体状况的均值和标准差

维　度	均　值	标准差	维　度	均　值	标准差
循证素养	3.33	0.56	循证知识	1.89	0.94
			循证能力	3.54	0.82
			循证情意	3.54	0.88
			前端证据	3.82	0.70
			后效证据	3.56	0.66

注：本问卷的选项分别为"完全不了解""有一点了解""基本了解""比较了解""非常了解"（从了解度方面考察），或者"完全不符合""基本不符合""一般""基本符合"和"完全符合"（从符合度方面考察），或者"没有""很少""一般""较多"和"很多"（从频度方面考察）。计分分别为1、2、3、4、5。此处均值即为所有教师所选项分值的总平均分，下同。

为进一步了解区域教师对证据的捕捉和运用能力，我们在维度分析的基础上，对调查问卷中具体题目的作答情况进行分析。限于篇幅，这里只对部分维度或部分题目加以呈现。由表3-15可知，在循证能力方面，仍有12%的教师不知道证据的来源途径，10%的教师无法评价证据应用后的效果，9%的教师不能对搜集到的证据结合教学实际综合分析。

表 3-15　教师在循证能力上的具体情况　　　　（百分比）

选　项	来源途径	搜集证据	优化设计	评价效果	综合分析
完全不符合	5	4	4	4	3
基本不符合	7	6	6	6	6
一般	39	39	38	40	39
基本符合	38	40	41	40	41
完全符合	11	12	12	10	11

从前端证据来看，教师在设计活动前有一定的证据意识，依据的证据占比最高的是学生的情况，为 79%，最低的是学术文章，为 37%（见表 3-16）。

表 3-16　教师在前端证据上的具体情况　（百分比）

选　项	学生情况	课程标准	学术文章	专业书籍	指导者意见
完全不符合	1	1	4	3	2
基本不符合	2	2	12	8	3
一般	19	22	47	41	33
基本符合	38	33	24	31	40
完全符合	41	42	13	17	22

从后效证据来看，教师在判断活动效果时也有一定的证据意识，但仅有 40% 的教师依据问卷调查，45% 的教师依据家长反馈，50% 的教师依据现代信息技术手段获得数据（见表 3-17）。

表 3-17　教师在后效证据上的具体情况　（百分比）

选　项	问卷调查	家长反馈	信息技术	课堂观察	学生访谈
完全不符合	4	3	2	1	2
基本不符合	10	8	6	2	6
一般	46	44	42	33	41
基本符合	31	36	39	48	40
完全符合	9	9	11	16	11

综上所述，多渠道、多水平获取和运用证据，是循证实践

者还需提升的能力之一。从前端证据的运用情况来看，教师在教学设计中依据出版的专业书籍（课标及教参除外）相对较少；从后效证据的应用方面来看，教师通过问卷调查或运用现代信息技术手段所获数据对上课效果进行的考察相对欠缺。进一步分析发现，可能与以下因素有关：缺乏相关的循证知识，开展循证实践的时间有限且难度较大，缺乏循证的专业教材和学习资料，循证专题指导和实证资源缺乏等。

3. 循环改进的动力和品质不足

循环改进是教育领域持续发展和优化的重要手段，对于教育教学质量的提升意义重大。为此，教师需要不断反思自己的教学内容、方法和策略，积极探索新的教学手段和工具，及时跟踪反馈学生的学习情况和问题。然而，在实际情况中，教师循环改进的动力和品质却常常面临不足的问题。调查发现，区域教师在通过反思与学习，找到优化改进的新思路、新举措，以及乐于在团体中分享经验，学习他人专长方面，在未来提升的空间依然较大（见表3-18）。

表3-18 教师在循环改进方面的未来提升需求情况

题 目	需求程度	频 数	百分比
通过反思与学习，找到优化改进的新思路、新举措	没有需求	22	2.25
	低度需求	134	13.69
	中度需求	430	43.92
	高度需求	393	40.14

（续表）

题　　目	需求程度	频　　数	百分比
乐于在团体中分享经验，学习他人专长	没有需求	22	2.25
	低度需求	141	14.4
	中度需求	433	44.23
	高度需求	383	39.12

由表 3-18 可知，教师在循环改进方面的需求和期望仍有待提高。未来，有必要从多个方面入手，激发教师的内生动力，推动教育教学的持续优化。例如，建立有效的教师激励机制，鼓励教师主动反思，积极参与循环改进；强化教育教学质量监测，使教师能够根据评估结果及时调整教学策略，有针对性地进行改进；同时，设立教师互助平台，让教师在团队中分享经验、交流心得，相互学习、共同进步。

第四章

教师关键行为优化的行动探索（一）
——"发现"模块下的教师
关键行为优化

一、"发现"模块之"敏锐研判"行为优化

（一）"敏锐研判"行为的诊断与问题表现

在课堂教学中，敏锐的研判行为是指教师能够基于对教育态势、学科本质、育人价值的认识，对教育环境感知、分析，对教与学材料的研读与把握，快速、准确地评估学生的学习状况和需求，并根据这些评估作出相应的教学决策。

在日常的听课、教研以及与教师交流的过程中，教师在敏锐研判这个关键行为中会产生以下问题：

1. **教学设计不合理**。缺乏敏锐研判能力的教师可能无法根据教育态势、教育资源、课程标准、学科本质和学习规律设计合理的教学内容和任务，导致教学效果不佳。

2. **选择不适当的教学材料**。缺乏敏锐研判能力的教师可能

选择不够贴近学生实际生活和学习需求的教学材料，甚至给予不合适的教育资源，导致学生难以理解和接受所学内容。

3. **无法及时调整教学策略**。缺乏敏锐研判能力的教师可能无法及时发现学生学习中的障碍和问题，无法根据学生的学习状况和需求及时调整教学方法和内容，给予有效的帮助和支持，导致教学效果不佳，学生学习困难。

4. **忽视学生的反应和需求**。缺乏敏锐研判能力的教师可能忽视学生的情绪变化、专注度下降等反应，无法及时给予指导和支持。

5. **评估失误**。缺乏敏锐研判能力的教师可能无法准确评估学生的学习状况，未能区分学生的学习需求和能力水平，导致对不同学生采取相同的教学方法，无法满足个性化的学习需求，开展有效指导。

综上所述，缺乏敏锐研判能力可能导致教师在课堂教学中无法有效地理解和满足学生的学习需求，影响教学质量和效果。因此，教师应不断提升自己的研判能力，以更好地适应多样化的教育环境和学生需求。

课堂中教师的敏锐研判，可以更好地解答学生的问题和引导学生的思考。首先，需要教师了解并掌握各种相关的教育资源，如教科书、参考书、教学辅助资料、互联网资源等。教师需要通过审读这些资源，深入了解其内容、质量和适用性，以便在教学中选择合适的资源来支持学生的学习。这需要教师具备查找、筛选、评估和整合教育资源的能力，以满足不同学生的需求，并为他们提供丰富、多样化的学习体验。

另外，教师要对教与学材料进行深入研读和理解，以便准确把握核心概念、知识点和教学目标。教师需要通过仔细研读教材，理解其结构和逻辑，并深入挖掘其中的知识内涵和教育价值。同时，教师还需要对学习材料进行把握，包括辅助教材、练习册、习题集等，以确保教学内容的完整性和连贯性。通过研读和把握教与学材料，可以更好地进行教学计划的设计和课堂教学的组织，提供更有效的学习体验和指导。

（二）"敏锐研判"行为优化的典型样例解析

案例一：01　基于教育态势、教育资源感知的敏锐研判——一堂美术欣赏课的"变身"

美术欣赏课作为一种重要的美育途径，旨在通过欣赏各类美术作品，培养学生的审美观念、艺术鉴赏力与创造力。

多年来，小学美术欣赏课往往难逃教师充当"说客"，学生客串"看客"，教学设计缺乏互动的尴尬境地。以上海教育出版社小学美术学科五年级第一学期《上海弄堂》一课为例，原教材中本课的目标为欣赏石库门，运用平行透视表现有纵深感的上海弄堂。但石库门这一题材蕴含着丰富的人文资源，仅以透视知识为始，以简单的线条绘画为终，即使欣赏了一些石库门图片，仍过于浅薄，这样的教学显然无法满足现代教育对学生全面发展的多元需求。

在当前教育样态变革的大背景下，美术欣赏教学也在尝试项目化转型的探索与实践，针对以下方面，实施了《上海弄堂》一课的项目化转型实践。

一、转变理念，以内容重组确立对学习重心的转换

依据《义务教育课程标准（2022年版）》提出的"帮助学生学会运用造型元素、形式原理和欣赏方法，欣赏、评述艺术家作品，感受中外美术作品的魅力"的要求，将原先的知识结构打散，通过项目化设计，重组多项紧扣目标的活动，学习的重心不再局限于某一知识点或技法，转而实现了传统的以教师为中心的教学模式，转变为以学生为中心的新教学模式。

特色民居由不同的地域文化凝固而成，石库门建筑蕴含了上海人民的居住形态、氛围、理念，形成了良好的民居传统人文脉络和习俗，若在"改造"的推土机下被大量地一铲而光，就会把上海优秀建筑的历史文脉割断。项目化学习《重返石库门》中"重返"二字并非字面意义上那么单纯的"回到"，而是一种对"再生"更深层次的探究与思考。

二、转变模式，以问题设计催生对知识内涵的理解

项目化学习最重要的价值是对问题持续不断的探求，体现了学习的本质。

核心素养的生成和培养并不是"无中生有"，而是学习者"个体在解决真实生活情境中复杂的现实问题过程中，表现出来

的综合性品质或能力"。项目化学习引导学生在真实的情境中发现问题、解决问题，又在解决问题的过程中去发现新的问题，引导学生探究并体验包括学科知识在内的外部世界，发展对学科以及外部世界的内在兴趣。

聚焦学科的关键概念和能力，设计让学生处于真实的、与生活相关联的情境之中的问题，是项目化学习设计的第一步，由"石库门究竟该不该被拆除？"这一驱动性问题引领下衍生若干子问题，由此梳理关于此项目的内在逻辑。❶

❶ 优点：问题揭示了矛盾冲突，学生的美术素养在复杂而真实的情境中，在运用所学知识和技能去分析、解决问题的过程中逐步形成。

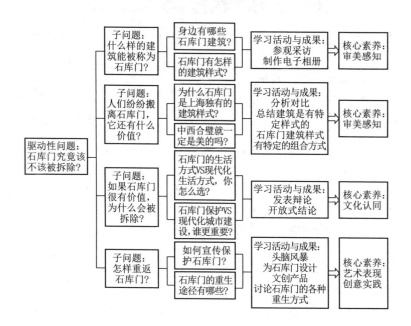

例如，针对子问题二的探究（见左下图），学生根据自主梳理的视觉笔记，发现石库门的建筑样式为"中西合璧"，了解这种独一无二的建筑样式出现的历史原因，感悟家乡海纳百川的城市精神。

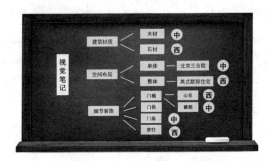

❷优点：学会运用形式美的原理，去挖掘探索美的内部规律，在这一过程中提升举一反三的鉴赏能力，进而形成健康的审美观。

学生通过不断梳理完善视觉笔记（见上图）❷，自主尝试运用美术语言来解读上海的历史文化建筑，既内化了对形式美的理解与应用，也更理性地认识并诠释了建筑之美。而视觉笔记这一学习手段，将在后续的学习中帮助学生脉络清晰地分析和理解事物，从而产生对事物内涵的关注。

三、转变策略，以体验实践激活对深度学习的热情

项目化学习通过将原先"赏一赏、议一议"等较单一的策略转变为丰富多彩的实践体验，使学生参与到真实情境的模拟中，呵护和点燃学生的学习热情，如"初识石库门"部分。（见下图）

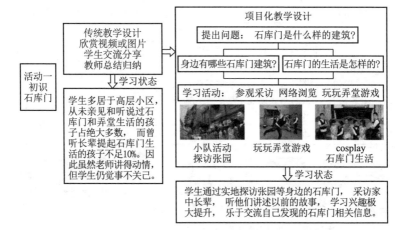

又如，"探秘石库门"和"我心中的石库门" ❸

❸优点：将本课所学依托生活物品进行输出，物化自己的个性化审美需求。知道美与历史相关、与地域相关、与人的个人喜好相关，对美的选择不是妥协，而是包容，其中蕴含着的同理心和共情力无疑是人文素养的具体表现。

活动名称	活动目标	活动任务	关键问题	评价观测点
活动二 探秘石库门	了解石库门的建筑样式及其历史成因，感受其形式美。	分析归纳石库门具有的中西合璧的建筑样式，设计绘制文创周边。	石库门具有怎样的建筑样式？ 石库门是如何组合运用艺术元素形成美感的？	1. 分析归纳石库门建筑样式的特点。 2. 能否绘制设计石库门文创周边。

本活动环节中学生设计绘制的石库门系列文创产品

活动名称	活动目标	活动任务	关键问题	评价观测点
活动三 我心中的 石库门	提取石库门艺术元素，建模设计心中的石库门。或用绘画的形式表现对重返石库门的畅想。	运用3D打印软件，设计绘制石库门模型或绘制科幻画。	如何运用3D软件绘制石库门？如何运用绘画的形式表现畅想？	1. 能否提取石库门艺术元素。 2. 能否完成3D建模设计或科幻画作品。

师生运用**3D**打印设备设计
制作心中的石库门模型

学生科幻画
《地热地下水供能新石库门》

四、结语

通过项目化学习设计，教师鼓励学生从更大的概念角度来思考课堂上的知识内容，要求学生以深入和个性化的方式处理和组织新学的内容材料，更为有效地促进理解和记忆，建立知识之间的关联最终促进知识的迁移。

石库门是上海特有的建筑形式，在重返石库门项目中产生的真实性问题，对于其他城市乃至国家的特色建筑保护及再生问题同样具有价值。

《重返石库门》绝非单纯地欣赏某种建筑形式，最终关注的是"以人为对象、以人为中心的精神"。什么才是美？美有固定的模样和统一的标准吗？当经济价值和人文价值、审美价值形成矛盾时，我们如何面对？不难发现，本课的核心内容是对人类生存意义和价值的关怀。

将美育为途径，以项目化研究为形式，在欣赏课中质疑、探究，滋养文化之内涵，弘扬文化之精髓！

（本案例提供者：沈瑞芝）

案例二： 02 基于清晰学科本质的敏锐研判 ——以小学语文学科为例

小学一年级语文《小猴子下山》一课中多次出现"又大又多""又大又红""又大又圆"这样的以"又……又……"为表达形式的词。为了积累这一形式的词语，老师这样展开教学：

首先，引导学生发现这类词语的表达形式；接着，模仿拓展，问道："你们还知道哪些带有'又……又……'的词语？"学生纷纷举手，说了不少；然后，老师将学生说到的这类表达形式的词语——写在黑板上；最后，提出要求，把它们记下来，看谁背得多。❶

> ❶问题：这样的语文学习处于机械记忆层面，耗时低效。

一、关注后续的学习，学生在表达中运用"又……又……"这一形式的词语并不多

传统的语文学习中常常运用背诵、记忆的方式。靠机械地积累永远比不上大数据。进行词与词之间缺乏逻辑关系的记忆，对于天性活泼、思维活跃的学生是挑战，容易产生厌烦情绪，同样也给老师评价此项学习任务带来挑战，要投入更多的时间和精力。即便学生都很用心投入，高质量地完成了此项任务，而收获呢，只是记住了许多"又……又……"的词，当到了真

正需要表达时，或许积累的词语不一定用得上，又或许已经将之前积累的遗忘了。

二、引导教师基于对学科本质及学情的清晰把握，就会作出敏锐研判

"语文"二字很好地诠释了学科本质，即为表达。表达是输出，阅读为输入。在语文学习中"积累"很重要，只有深厚的积累，才能很好地输出。语文学习中的"积累"更指向积累语言的表达形式，只有对教与学的材料内容背后的表达形式进行研读，读懂表达形式的底层逻辑，才能真正向作者学习表达，把握某类表达的基本范式学以致用。

基于这样的认识与思考，老师进行了教学改进：首先，充分运用教学材料与资源，按照文本的表达及所配插图，让学生直观感受玉米"又大又多"，桃子"又大又红"，西瓜"又大又圆"，引导学生发现"又……又……"这类形式词语，作用在于能同时表达一个事物的两个特点❷。然后，出示生活中常见的一些事物的图片，驱动"你能用上带有'又……又……'的词语，同时说出你看到的这些事物的两个特点吗？"学生纷纷观察事物特点，并运用这样的构词形式表达特点。最后，老师总结"看，这样表达多高级，既简洁又明了。以后在表达一个事物的两个特点时，可别忘记请'又……又……'来帮忙哦。"

这样，学生的积累不再停留于机械记忆层面，而是在明晰

❷优点：基于语文学科本质的思考，积累词语实则是积累语言形式。

表达形式的底层逻辑基础上进行表达，从而活学活用，实现从阅读到表达的最后一公里。

由此，在教学《秋天的雨》一课，背诵相应的段落时，教师将以往的记忆段落语句变为引导学生通过关注"秋天的雨"的表达形式，明晰作者表达的底层逻辑——秋天的雨来到哪里，哪里的植物变得怎样了来结构化地记忆段落。这样的背诵积累过程，不是机械记忆，而是向作者学习表达。获益的是可以自在地写"夏天的风""冬天的雪"……

（本案例提供者：杨志喆）

案例三：03 基于"课程标准"，把握教学重难点的敏锐研判——以高中历史学科为例

一、案例背景

在新课程新教材执行之初，一个普遍的现象就是教师不断感叹教材内容太多，课时不足，无法在规定的课时内完成教学任务。这种现象如果是偶尔出现也罢，但一轮轮课程改革反复出现就说明其背后有着共性。通过反复观察与思考，发现这其实是一种新旧课程内容的"堆叠"现象。

何谓"堆叠"？就是在新一轮课程改革中，旧教材内容中那些"重要"的内容已经被新教材舍弃掉，但在新课程下，教师却因为它曾经有过精彩演绎而依然当作重点，引入新课程的课堂。

以统编版《中外历史纲要》有关工业革命一课为例，它

以"影响世界的工业革命"作为课题，虽然教材有三目，分别是"工业革命的背景""工业革命的进程"和"工业革命的影响"。但从课目标题以及课程标准"改变世界面貌的工业革命"的表述，有关工业革命的背景和进程显然是为其"影响世界"或"改变世界面貌"服务的，背景和过程由以往的重点内容变成铺垫性、辅助性的内容。而有关工业革命的进程，在以往的教育发展过程中有着经典的精彩的演绎，如：

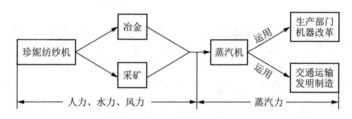

图1 工业革命进程的经典结构

❶ 问题：现行教材将已经不可能为工业革命的详细经过提供演绎时间了。

这还只是简化版的演绎，详细版还包括以织促纺，以纺促织的演绎，还包括将蒸汽机应用于交通领域出现了陆上交通工具火车、水上交通工具轮船等。❶

现行教材中，工业革命包含过往教材中工业革命的新阶段（也称作第二次科技革命或第二次工业革命），这一阶段和演绎，在过往教材中同样有着经典演绎：

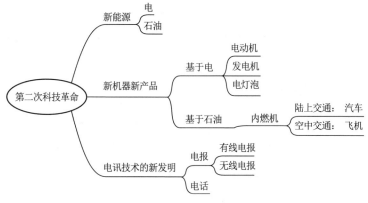

图2　第二次科技革命经典结构

现行教材不仅将两次工业革命合而为一，而且所在问题都指向工业革命的影响，而其影响的内容在过往教材中也十分饱满，如下图：

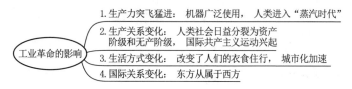

图3　工业革命影响图

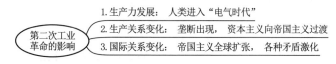

图4　第二次工业革命影响图 ❷

❷ 问题：现行教材将以往称作第二次工业革命作为工业革命的一个阶段。已经无需单独就某一阶段的影响进行分析。

从以上分析可见，试图将过往教材中的经典演绎照搬过来，是不现实的，在一节课几乎包含了过往教材三、四节课内容的新课程下，时间是不允许的。

二、对策方法

1. 认识新教材变化的实质。"普通高中历史课程由必修、选择性必修、选修三类课程构成，采用通史与专题式相结合的方式。"历史必修课程是全体高中学生必须修习的课程，是普通高中学生发展的共同基础课程，设"中外历史纲要"模块。课程内容分为中国古代史、中国近现代史和世界史三个部分，每个部分的内容均在历史时序的框架下，由若干学习专题构成。通过中外历史上重要的事件、人物和现象，展现人类社会从古至今、从分散到整体、从低级到高级的发展历程，使学生进一步了解或认识人类历史演变的基本脉络以及丰富多样的历史文化遗产。① 从"课程标准"的以上表述中得知，本轮课程改革在课程设置上区分必修、选择性必修和选修三种，只有必修课程才是"全体高中学生必须修习的课程"，而"历史选择性必修课程是学生根据个人兴趣、升学需求而选择修习的课程"②，也就是说大部分学生可以不选择选择性必修课程，或者表述为选择性必修课程不是全体学生都必须修习的课程。由此可见，历

①② 《普通高中历史课程标准（2017年版）》，人民教育出版社2018年版，第9页。

史学科对高中学生的要求是大幅下降的。当课程要求下降了，过往的许多内容自然就不能再出现在课堂上了。

2. 依据"课程标准"，把握新课程新教材的特色。"必修课程采取通识方式，旨在让学生掌握中外历史发展大势""通过中外历史上的重要的事件、人物和现象，展现人类社会从古至今、从分散到整体、从低级到高级的发展历程，使学生进一步了解或认识人类历史演变的基本脉络以及丰富多样的历史文化遗产"。[①] 从"课程标准"的以上表述中，可以得知：教学"中外历史纲要"时，掌握发展大势和认识人类历史演变的基本脉络才是关键，工业革命是人类历史发展过程中关键一环，正如"课程标准"在"内容要求"上的表述"1.19 改革世界面貌的工业革命"[②] 一样，修习工业革命相关内容的重点是落在它如何"改变世界面貌"，或如其教材标题"影响世界的工业革命"一样，重点落在它如何"影响世界"。至于工业革命为何会出现，它的进程如何已经不再属于"脉络"和"大势"的范畴。

"课程标准"有关"中外历史纲要"的教学提示中提到："在本模块的教学过程中，教师要注意梳理中外历史发展的基本线索和主要阶段，引导学生运用历史唯物主义的基本立场、观点、方

———————

[①] 《普通高中历史课程标准（2017 年版）》，人民教育出版社 2018 年版，第 9 页。

[②] 同上书，第 16 页。

法；在历史时空框架下把握重要的历史事件、历史人物和历史现

❸优点：充分体现课标中的"改变世界面貌"，充分反映教材标题"影响世界"。

象以及人类文明的重要成果，理解历史进程中的变化与延续、继承与发展、原因与结果，构建历史发展的前后联系，认识历史发展的总体趋势。"①这里又特别强调了"总体趋势"。❸

这样，这一课的重点结构就改变了，如下图❹：

❹优点：以"影响"来整合课程重点，同时以留白方式为学生思维的提升埋下伏笔。

图5 《中外历史纲要》第10课《影响世界的工业革命》思维导图

图中的省略号是为选择性必修的教学留置切入点，如人口的迁徙、物种的转移等问题均可以从工业革命这一时间节点中找到重要的依附点。

3. 掌握教材整合的策略与方法。针对教学中的现实问题，解决的方法唯有迅速找到教材处理的策略与方法，可以从课标

---

① 《普通高中历史课程标准（2017年版）》，人民教育出版社2018年版，第17页。

与教材对比中寻找灵感；从教材修改过程中寻找灵感；从同类（相似）内容的表述中寻找灵感；从配套栏目中寻找灵感；从史学与历史教学的区别中寻找灵感；从必修与选必的关系中寻找灵感；从本次课程改革的大背景中寻找灵感；从课程改革的总趋势中寻找灵感等。

三、启示反思

敏锐研判意味着教师需要不断地分析和把握教育态势、学科的本质与育人价值，同时还要关注教育环境、教学材料等方面的变化。

对于教育态势，教师需要时刻关注社会、政治、文化等各个方面的新发展，了解学生所处的环境和背景，留心学生的情感状态，以便更好地调整自己的教学方法和策略，让自己的教育内容和方式与时俱进。对于学科的本质与育人价值，教师需要深入了解所教学科的知识结构、思维模式、应用领域等方面的信息，同时也需要重视学科在培养学生能力、素质等方面的潜在意义和价值，以便更好地将学科知识与学生的个性和成长相结合。

在优化教师关键行为——敏锐研判的过程中，要始终督促激励教师对课程标准、教科书以及配套教学材料进行研读和把握，例如对所用教材的结构、内容、难度等方面进行分析，以便更好地为学生选择合适的教法，布置适当的任务、设置合适的目标，并不断提高自己的教育水平和专业能力。

（本案例提供者：左卫星）

（三）"敏锐研判"行为优化的操作要则

指导教师优化敏锐研判行为的操作要则包括以下几个方面：

1. 指导教师对教育资源的掌握与审读及对教与学材料的研读与把握

教师通过阅读和评估多种教育资源，选择最适合自己教学目标和学生需求的教材和辅助资料。教师通过深入研读教材和学习材料，把握核心概念和知识点，为教学提供有力支持。例如，一位把握科学概念的教师在研读教学大纲和评价标准后，能够准确判断学生是否达到预期的学习目标，从而调整教学策略和方法，提高学生的学习效果。

2. 引导教师对学生进行观察并实施多元评估

教师需要通过观察和评估学生的表现来了解他们的学习状况和需求。这包括注意学生的参与度、回答问题的准确性和深度、作业完成情况等。例如，引导教师可以密切观察学生在小组讨论中的参与程度和贡献，评估他们的合作能力和理解水平。采用多种评估方式，以全面了解学生的学习成果和进展。除了传统的笔试和考试，教师还可以使用项目作业、口头报告、展示、学生自评等方式评估学生的学习。这样可以更全面地了解学生的综合能力和发展情况。

3. 指导教师实施个性化教学

敏锐的研判能力使教师能够根据学生的特点和需求，个性化选择教育资源和教与学材料。引导教师根据学生的学习差异和需求，采用不同的教学策略，根据学生的学习风格和兴趣设计不同的学习任务和活动，提供多样化的学习资源和材料，以满足学生的个性化需求。

4. 促进教师进行教学评估和反思

引导教师通过审读教学材料和教育资源的相关指导和评估标准，对自己的教学进行评估和反思。及时给予学生针对性的反馈和指导，帮助他们纠正错误、提高学习能力。教师可以在课堂上提供即时的反馈，例如针对学生的回答给予肯定或指导性的问题，帮助他们深入思考和理解。

5. 引导教师进行适应性调整及学习困难干预

随时根据学生的反馈和表现进行教学调整。教师应灵活地根据学生的学习情况调整教学进度、方法和内容，确保教学内容与学生的学习进程相匹配。例如，如果教师发现学生对某个主题的理解较为困难，可以适当调整讲解方式、增加示例或提供额外的练习。对于学习困难的学生，教师需要及时干预和提供支持。可以与学生进行一对一的辅导或小组辅导，帮助他们克服困难并提高学习成绩。教师还可以与学生和家长进行沟通，了解学生在学习上的困难，提供相应的建议和支持。

二、"发现"模块之"精准解读"行为优化

（一）"精准解读"行为的诊断与问题表现

在课堂教学中，教师精准解读的关键行为反映出他们对教育对象的即时感应与观照，这意味着教师能够敏锐地察觉学

生在学习过程中的需求、情感和表现，并根据这些观察进行及时的调整和反馈；另一方面，反映出他们对教育对象的精准了解与分析，这意味着教师能够深入了解学生的背景、兴趣、学习特点和能力水平，并基于这些了解进行个性化的教学设计和指导。

在日常的听课、教研以及与教师交流的过程中发现，教师在精准解读关键行为中会产生以下问题：

1. 忽视学生的情感和表情

教师不善于通过观察学生的情感和表情来了解他们的学习状态和情绪，从而调整教学。例如，教师面对学生表现出困惑、厌倦或沮丧的情绪，没有及时采取措施，提供额外的解释、改变教学策略或鼓励积极参与，以调整学习氛围并提高学生的参与度和情绪状态。

2. 忽视学生的思维和理解

教师不善于通过观察学生的思维过程和理解水平，了解他们在学习中的认知状况。例如，教师忽视通过提问、讨论或观察学生的作业和解答，来发现学生的思维模式、错误观念或困难点，不能给予灵活调整教学方法和策略，提供更有针对性的指导和支持。

3. 忽视学生的参与和反馈

教师不善于通过观察学生的参与程度和反馈来了解他们对教学的反应和理解程度。例如，教师没有密切关注学生的回答、提问、讨论和互动，以评估学生的学习兴趣、参与度和深度。没有根据观察结果，调整课堂活动、提供更具挑战性或适应性的任务，以激发学生的积极性和提高学习效果。

4. 忽视学生的个体差异和需求

教师对学生之间存在包括学习能力、学习风格、学习节奏、学习兴趣和动机等个体差异认识不足，难以根据不同学生的需求和特点，选择教学策略和教学资源，进行个性化的教学调整和支持，以满足每个学生的学习需求。

（二）"精准解读"行为优化的典型样例解析

案例一 01：精准解读学生的背景，确定教学的起点——以幼小学科衔接活动为例

在一次幼小科学衔接活动中，要展示一节一年级"左与右"的研究课。"左与右"是沪教版教材一年级第二学期几何小实践单元中的内容。

试教课上教师用半节课的时间教学生如何区分自己的左右。从认识左手、右手开始，一直到认识自己身上的左右，并根据自己的左右判断左右方向。教师为了让自己的表述更科学，用上了如"沿着身体中间的脊柱可以把身体分为左右两部分……"之类严谨的语言，❶虽然讲得没错，但一年级孩子听到这些术语，不免有些茫然，辨别左右对于孩子们来说并不难，但听到这些严谨但生涩的语言后反倒糊涂了。

❶问题：对学生的认知特点和知识基础了解不够深入。

　　只有对"左与右"的教学内容有深入研究，对所教学生的认知有精准解读，才能设计出更加有效的教学活动。因此教研员带领两个教研组一起进行了研究。

　　对课标及教材准确解读，明晰课标要求及其变化。

　　1."左与右"在课标内容领域划分的变化

　　2022版新课标中，把"左与右"原本属于图形与几何领域的内容归并于综合实践活动中领域，在学习这些知识的同时，要关注幼小衔接，帮助学生积累数学活动经验。课标内容要求的变化看出，方位的认识虽然离不开实际的情境，但教学目标是为了发展学生的空间观念这一核心素养，教学中应以核心问

> ❷优点：明晰了新课标中相关内容的要求，使教学设计目标更准确。

题引领学生主动地探究左右的相关知识，以开放性的、实践性的、整合性的主题活动，丰富对于左右的认识，促进对知识的理解。❷

　　2."左右的相对性"的要求在教材中的体现

　　新旧两版课程标准不约而同地提出了左右的相对性，沪教版教材体现在两方面：一是判断左右以谁（被观测对象还是观测者）为标准；二是参照物的变化而引起的位置的相对性。

　　其中判断左右时以谁为标准，最容易引起老师与学生的困惑。因为，专家早就给出判断标准：观察对象为无生命的物体，一般确定左右的标准为观察者；观察的对象是人或动物有两种情况：（1）当问及的问题涉及人或动物身体的左右时，一般以人或动物为标准；（2）当问及的问题不涉及人或动物的身体的

左右时，以谁为标准皆可。

我的左边是

图1　　　　　　　　　　图2

小胖的左边是（　　）。❸

> ❸优点：学生左右概念的认知理论为"左与右"学习活动设计。

其实"只要能够正确判断对面人的左、右就足够了"，没有必要引入判断标准由人到物的转换训练。[1] 只需在练习中标注清楚以谁为标准（将图1改为图2），就能避免争论。

一、对学生的精确解读——学习儿童左右概念发展的相关理论

左右概念的发展阶段：左右方位概念是儿童空间方位认知发展中显著晚于其他的方位，起步晚且最易混淆。

第一阶段——儿童比较固定化地辨识自己的左右方位（5—7 岁）。

第二阶段——儿童初步地、具体地掌握左右方位的相对性

---

[1]　曹培英：《跨越断层，走出误区：小学数学课程新增内容极其教学的实践研究（一）》，《小学数学教师》2020 年第 6 期。

（7—9 岁）。

第三阶段——儿童比较概括地、灵活地掌握左右概念（9—11 岁）。①

也有学者通过实验发现儿童与同伴之间的互相作用要优于师生或儿童与成人。实验研究发现有 17.5% 的女性和 8.8% 的男性经常难以快速识别左右。

了解了不能识别左右的原因更有利于教师站在学生的立场，有针对性地设计教学活动。一年级学生正处于第一阶段发展到第二阶段，可以开始左右相对性的学习。但儿童的认知发展有快慢。他们对于左右概念的初步掌握也有先后。科学数据提示我们碰到个别学生通过一堂课也没能正确识别左右不用大惊小怪。确实会有人一生都无法识别左右。

左右概念除了受不同参照体系影响外，日常生活中有时左右不对称、不是水平的情境与自身左右对称的、水平的不一致，也是造成左右混淆的主要原因之一。

二、对学生的精确解读——了解一年级学生关于左右的已有知识基础及生活经验

1. **幼儿园数学认知目标**：教育部颁布的《3—6 岁儿童学习与发展指南》关于数学认知的目标中（见表 1）就明确指出，

---

① 朱智贤等：《儿童左右概念发展的实验研究》,《心理学报》1964 年第 3 期。

5—6 岁的儿童能辨别自己的左右。经历过幼儿园学习生活的儿童一般可以做到。❹

> ❹ 优点：基于幼小衔接，学生在幼儿园阶段的认知目标以及前测数据为"左与右"学习活动设计提供了实践的可能性。

表 1　目标 3 感知形状与空间关系

3—4 岁	4—5 岁	5—6 岁
1. 能注意物体较明显的形状特征，并能用自己的语言描述。 2. 能感知物体基本的空间位置与方位，理解上下、前后、里外等方位词。	1. 能感知物体的形体结构特征，画出或拼搭出该物体的造型。 2. 能感知和发现常见几何图形的基本特征，并能进行分类。 3. 能使用上下、前后、里外、中间、旁边等方位词描述物体的位置和运动方向。	1. 能用常见的几何形体有创意地拼搭和画出物体的造型。 2. 能按语言指示或根据简单示意图正确取放物品。 3. 能辨别自己的左右。

2. **数学学习中的左与右**：一年级第一学期序数学习、利用数射线比较百以内数的大小、两步运算式题的运算顺序……这些数学知识的学习都与左右相关。

3. **生活中的左与右**：无论是鞋袜、手套的穿戴，每日三餐餐具的使用，还是在学校升旗敬礼、上课举手发言、执笔写字，或是出行使用导航、过马路观察路口等衣食住行都需要对左右的判断。

三、对学生的精确解读——调查某小学一年级学生对"左与右"的认识

某小学一年级 4 个班的学生进行了前测，共 3 道笔试题

（见表 2）。

表 2

序号	前测题	正确率				
		1	2	3	4	平均
		15 人	16 人	17 人	16 人	—
1	把○左边的图形涂上蓝色，○右边的图形涂上黄色。△○□	87%	88%	76%	81%	83%
2	在括号里圈出正确答案：这是我的（左　右）手。	73%	75%	65%	75%	72%
3	在括号里圈出正确答案：图中圈出的是女孩的（左　右）手。	40%	44%	24%	38%	37%

　　前测的数据基本符合教师对于学生学情的经验，也进一步用数据说明了一年级学生对于以他人为中心判断左右的困难，这为左与右的教学起点的确定提供了有力的证据。

　　四、通过以上研究，实施教学改进，在以下方面取得了较大收获

　　1. **确定教学起点**：左与右的教学不能把学生当成一张白纸，没有必要从自己的左手、右手教起，在以自己为中心的左右判断上浪费时间。而应该把时间放在如何引导学生掌握判断以他人为中心的左右的方法上。

　　2. **把握教学重难点**：左与右的教学重难点就在左右的相对性，掌握以他人为中心的左右判断方法，发展空间观念。

3. **构思活动设计**：围绕如何辨别以他人为中心的左右这一核心问题引导学生展开探究。通过实践性、开放性、综合性的活动掌握与左右相关的知识，发展空间观念的同时，培养学生的语言表达，逻辑思维，让学生感受到左与右能解决、解释生活中的问题，更是数学学习的需要。

4. **遵循学生认知规律**：学生的认知发展有快慢，不强求每一个学生都能通过一两节课灵活掌握左右概念，让每个学生在课堂上都有收获，都感受到数学学习的乐趣。

（本案例提供者：张晓芸）

案例二：02　全面精准地解读学生的认知规律优化教学——以小学信息技术学科为例

一、问题的产生

在小学信息科技的教研与平时听课中，发现有不少教师在教学中忽视学生的认知规律，缺乏对学生的全面了解和精准分析，表现出以下情况：

1. 有的教师在开展图形化编程教学时，用了大量陌生的概念和专业术语，或者用概念去解释另一个概念，❶ 学生听得一知半解、懵懵懂懂。

> ❶ 问题：抽象的讲解方式使得学生难以将概念与实际问题联系起来，无法形成深刻的理解。

教学内容与学生认知规律不匹配：教师未能针对不同年龄段、学科领域和个体学生的认知规律进行调整和优化，学生无法理解或掌握相关知识。

❷问题：简单地模仿操作，低效且没有挑战性，会导致学生缺乏学习兴趣和独立思考能力。

2. 有的教师为更好地把控教学节奏和流程不被打乱，不顾学生兴趣与接受程度，单纯地讲解软件的具体操作步骤，让学生完全按照教师提供的步骤操作。❷

知识讲解不够生动有趣：教师未能把握学生的兴趣爱好和风格特点，以及适应其思考方式的教学方法，致使他们无法吸收并且感到枯燥乏味，失去学习积极性。

3. 信息科技学科中有不少专业性较强的知识和概念，学生

❸问题：学生总答不上或答错可能有多种因素，需要全面分析和精准诊断。

并不熟悉，有时教师一个问题提完后，学生总是答不上或者回答错误，教师把原因归结为学生上课没有认真听。❸

学生评价偏差：教师未能充分了解学生掌握的基础知识，思考方式，尝试根据个体特点，为学生提供适宜的指导，影响学生的参与度和主观评价。

二、优化精准解读行为的方法

在设计问题与学习活动时，教师应该重视学生的个性和特点、把握学生的学习需求与兴趣点，并根据课程目标和学生的认知规律灵活调整教学策略，同时注重学生的思维能力、实践能力、创新能力和社交能力等素养的发展，让教学更符合学生的发展需求。为了让教师能更全面、更精准地把握学生学情，教研员在教研活动、听评课的过程中，为教师提供了以下三种方法：

1. 观察法：在教学过程中，教师可以通过观察学生的言行

举止、行为表现以及态度情绪来对学生进行判断。

2. 问卷调查法：可以根据实际情况制定问卷，并对学生进行提问和分析，以了解学生的自我认知和学习目标及问题。

3. 面谈法：作为一名教师，可以和学生进行深入交流，了解学生的思想、兴趣、学习情况等。

三、优化实例

小 L 老师准备参加市教学比赛，在试教时发现学生对于凯撒加密算法的理解存在一定的困难，学生很难发现其中的规律。小 L 老师认为学生理解不了凯撒加密算法是因为学习单设计得不好，但是经过多次修改学习单后，并没有达到预期效果。❹

> ❹问题：仅凭经验来判断教学效果不好的原因，缺乏对学生的了解和精准的分析。

在一对一的指导过程中，我引导他换一个角度思考问题，除了修改学习单外，是不是更应该考虑学生的学习基础、学习能力和认知规律。为准确把握小 L 老师所在学校三年级学生的学习基础与认知能力，小 L 老师随机选取了部分三年级学生开展调研，通过游戏的方式找出学生在哪个偏移量下能够发现规律。❺在游戏过程中，小 L 老师观察学生的表现，收集数据，并通过与同学讨论进行反馈。

> ❺优点：通过实际调研，精准解读学生的认知规律。

经过几轮游戏实践和数据收集，小 L 老师成功发现，对于学校三年级学生来说，在偏移量为 1 时，能够通过自己归纳或与同伴讨论后，发现凯撒加密算法的规律，完成破译任

> **❻优点：基于数据和证据，精准地改进教学。**

务。❻在正式教学时，大部分学生能够通过探究，理解数据加密的基本思想。

通过对学生的精准了解与分析，小L老师成功促进了学生对于凯撒加密算法的理解，发掘出学生较容易理解该算法的偏移量，并且还提高了学生的协作能力和自主学习能力。

要做到对学生学情的精准分析，一方面教师需要具备较高的教育敬业精神、技能和经验积累；另一方面也需要巧用调查、面谈、观察等方法，用实证数据来支撑自己对学生学习情况、学习能力的诊断和把握。也可以借助数据统计分析技术工具收集更多的数据，进行多方位、多维度的分析。

通过对学生学情的精准分析，教师可以更加精准地了解学生的学习行为和学习情况，科学地设计教学，及时地调整教学，或者为学生提供针对性的教学干预。

（本案例提供者：张建栋）

案例三：03　借助"剧创体验课"优化教师关键行为之精准解读——以"做中学"为例

初中阶段学生之间互相抄作业的问题时有发生，而且屡禁不止。青年教师根据自己班级学生的特点，采用多种方式，教育与惩罚并行，但效果不尽如人意。有时从表面上看情况有所改善，但是在批改作业时总会发现异样。在教师反反复复的教育之下，抄作业的现象似乎也由表面转为了隐秘的地下行动。在解决

问题时，多数教师的确从这个问题涉及的互动中的两方：抄作业者和被抄作业者同步进行教育，而且制定的班级管理惩罚制

> ❶问题：只从抄作业问题本身反复去教育学生，显然无效。

度也是针对两方分别列出的。但是，教师也反馈，针对这个问题，教育一次，严抓一阵略有改善，但过一阵又会继续出现。❶

　　于是，便有了一次针对"抄作业"问题设计的"剧创体验课"。这一尝试让教师看到学生在这"抄作业"问题背后隐藏着的一些深层想法，由此对学生的解读有了

> ❷优点：让隐藏问题显性化，给教师提供解决问题更深层的思考依据。

新的思考。❷看似单一的问题背后究竟牵涉到哪些隐藏的问题呢？

【剧本】

　　小 A 收到同学小 B 的微信，询问数学周末卷是否已经完成。听到小 A 说已经完成，小 B 就让小 A 把卷子拍给他看看。小 A 犹豫了片刻，心想＿＿＿＿＿＿＿＿＿＿＿＿＿＿＿＿

＿＿＿＿＿＿＿＿＿＿＿＿＿＿＿＿＿＿＿＿＿＿＿＿＿＿＿＿

【结局一】小 A 有些不情愿地把卷子拍给了小 B。

【结局二】小 A 没有把卷子拍给小 B。

　　学生分别完成了两个结局的剧本补充。在完成剧本结局一的补充内容时，学生揣测了小 A——被抄者的各种想法：

· 关系太好，无法拒绝，而且我也求助过他，有来有往。

· 不拍给他不够义气，可能因此决裂，不想因小失大。

· 我本来人缘就不太好，不想得罪他，而且他是干部，怕他让

其他同学冷落我。

- 微信上同学让我把题目拍给她看看，她也没说要抄，就说做完没把握，想对对答案，我怎么拒绝？

- 我辛辛苦苦2个多小时做的，他抄一抄只要一会儿，太不公平了。下次一定吸取教训，不能说做完了。

- 心里有些担心的，生怕他不动脑子全抄，连我错的一起抄，一旦被老师发现，我也会被骂，要不和他商量故意抄错几题？

- 抄作业是很平常的事，大家都不说，就我一个人拒绝，他会认为是我小题大做，如果告诉其他同学，我会成为班级同学中的另类，被排挤。

- 他威胁我，说手上有我的黑历史，如果不给他抄，就把这些事告诉其他同学，我怕被嘲笑。

　　……

　　当教师汇总罗列了同年级两个不同班级的学生补充的剧本之后，不由引发思考：原来同伴之间"抄作业"的问题之所以屡禁不止，背后是因为藏着学生这么多的顾虑。

　　与"抄作业"受罚相比学生更在乎的是朋友关系、讲义气、被排挤的风险、被威胁的可能、敢怒不敢言……这份"剧创体验课"剧本成为教师深入解读学生的一次契机，借助这个特殊的途径，青年教师也清楚地意识到，想要从源头解决"抄作业"问题，仅仅从个体教育入手是治标不治本的。

在此基础上，教师围绕这个问题想得更细致、更深入了，他们一起出谋划策为持续深入地精准解读探寻更多尝试的途径❸：有的准备从班级互动环境入手；有的想继续借助这个剧本的讨论给学生提供一次关于朋友与义气问题的辩论会，引发班集体中更多学生对真朋友、真友情的想法碰撞；有的认为从这些学生顾虑的点逐个击破，只有把每一个敏感点挖深挖透，才有可能在班级中逐步形成大家认同的共识。

> ❸优点：教师对学生问题的精准解读不再停留在学生个体，而是开始从班级整体环境建设入手。

教师更意识到，对学生的精准解读始终是一个动态化、生成化的过程，他们将在这些后续的尝试中，不断进行优化和探索。

"精准解读"行为优化应关注以下三个方面：

（1）动态补充与完善

教育过程中教师对学生的解读应该也保持一个动态的过程，教师可以以经验为基础，但不能被经验所困，需要在不断探索多途径的过程中，对已有信息不断进行解读、补充和完善，力求越来越精准。

（2）隐藏问题的探寻

面对教育过程中遇到的各类问题，教师可以寻找到成熟的教育理论作为支持，也可以借鉴成功的教育案例，但因为教育对象的不同，除了把握共性特点外，还要从更多不同个体角度出发，挖掘现有成果经验在不同个体实践尝试中可能隐藏的问题，此类隐藏的个性问题发现得越多，精准解读才能做得更到位，也能为后续有针对性的实践操作提供可行性依据。

（3）互动关系的解读

教师对学生的精准解读不仅要关注学生个体，还要尽可能利用并整合各种资源，寻找并创生各种有效途径，从与学生密切相关的同伴、师长、家长等社会互动关系入手，力求精准解读多角度、多方位、全涉及。

（本案例提供者：曹坚红）

（三）"精准解读"行为优化的操作要则

优化教师精准解读的关键行为，并进行相应的改进，可以考虑以下要则：

1. 提高并养成教师观察和记录学生课堂表现的意识与习惯

认真观察和记录课堂上学生的参与与互动、反馈和评价等方面的表现。通过客观记录，可以提供实际的数据和细节，不仅为教师精准解读提供丰富的素材，还可以提高教师精准解读的敏感度。

2. 提高教师分析和诊断能力

对学生参与度等方面问题的观察和记录数据进行分析和诊断，找教学中存在的问题和不足之处。比较学生学习与教学目标的匹配程度，评估教师的教学目标的设定是否明确、教学内容是否有组织性、教学方法是否多样化等对学生学习的影响。

3. 组织学生开展反馈和评价

与学生进行交流，了解他们对教师行为的感受和看法。通过课堂问卷调查、小组讨论或个别交流等方式，获取学生的反馈和评价。学生的反馈可以提供宝贵的信息，帮助发现教师关键行为的盲点和不足之处。

4. 引导教师提升反思和改进的意识与能力

对学生的课堂表现进行精准解读的前提是教师需要不断反思自己的教学行为，并主动寻找改进的机会。通过分析观察数据、学生反馈和专业发展的经验，识别出学生"学"背后有关教师"教"的问题，并制定相应的调整计划。持续地进行反思和改进，逐步提高教学的效果和质量。

5. 开展促进教师专业发展的培训

组织教师参加相关的专业发展和培训课程，增强教学技能和意识。参与教育研讨会、专业研修班或观摩其他教师的课堂等，可以拓宽教学视野，学习先进的教学理念和方法。同时，与同行进行教学互动和反思，分享经验和教训，进一步优化关键行为。

第五章

教师关键行为优化的行动探索（二）
——"设计"模块下的教师关键行为优化

一、"设计"模块之"有效整合"行为优化

（一）"有效整合"行为的诊断与问题表现

教学设计是对课堂教学的一种预设性处理，而这种处理实质上表现为教师对教材、教法和学生三类资源的有效整合，也是谋求因材施教、因能施教、因学施教三种策略的有效整合。绝大部分的教师都能充分意识到教材和教法对于教学的重要作用，能潜心研究教材，从单元的视角梳理教学的逻辑主线，服务于有效教学。

当然，在日常的听课、教研以及与教师交流的过程中发现，教师在有效整合这个关键行为中还是会产生以下问题：

1. 拘泥于教材资源，主动更新资源的意识有待加强

双新背景下课堂教学的核心已从知识转向素养，从学科内

容转向学生发展。而部分教师采用的教学资源内容陈旧，贴近生活、具有时代特征的现代化教学资源缺乏有效整合，无法激发学生的学习兴趣与热情。

2. 止步于按部就班，有效匹配资源的能力有待提升

教师较少开拓新的资源获取途径，对与课程相关资源的开发与整合意愿薄弱，导致资源呈现方式单一，局限于按照教材结构将知识和资源进行简单叠加，无法激发学生的自主学习和深度学习，也无法满足不同程度学生的个性化需求。

3. 习惯于浅层应用，深挖资源价值的水平有待优化

教师在应用教学资源时，往往选择单一的讲授方式进行浅层关联，且要求学生记忆并通过反复操练来进行强化，缺乏情境化、问题链、任务式等多样化的有效应用方式，缺乏真正促进学生内化的有效手段。

4. 满足于成品资源，自主加工资源的能力有待提高

教师对教学资源的选择与匹配需结合学生的实际需求而定，统一的教材成品资源配置往往不能满足不同学生的个性化需求，教师因缺乏对教学资源的深度挖掘、二次加工能力，在课堂上往往无法达成预设与生成的一致。

（二）"有效整合"行为优化的典型样例解析

案例一：01 突破教学难点的数字化实验整合与开发

在"强弱电解质""离子反应""化学键"等这类抽象概念的课

堂教学中，学生反映最多的是"概念学习枯燥，没有兴趣""知识点抽象、难懂""听得懂，不会做"；教师反映最多的是"内容抽象，现成的具象化资源缺乏"，不能满足不同层次学生的个性需求。

通过广泛搜集、深度挖掘资源材料，我们发现随着信息技术的发展，微观可视、虚拟现实、动态模拟等技术的诞生使得以往化学教与学中的很多难点有了突破与解决的手段；动态模拟技术帮助我们透过化学反应中宏观物质的变化，深入微观分子层面研究化学变化；虚拟现实技术让许多危险品实验从聆听教师口述走向学生模拟实验❶。

> ❶优点：DIS 技术促使学生对化学反应原理的理解建立在数据（图像）表征的证据推理之上。

在有效整合数字化实验资源，形成数字化实验教学的网络课程、教学资源库，并设计典型教学案例的过程中，区级教研团队为提升教师"有效整合"的关键能力，构建了结合先进数字化实验教学理念的实验教学模式，并以此为抓手进一步思考与探索将两者融合的有效策略与途径。

比如利用数字化实验资源整合，在"酸碱溶液"一课中利用 PhET 仿真程序，可以多维度、定性定量、宏微结合地比较强弱电解质在水中的电离情况。如从图 1 中，可以比较强酸弱酸的 pH 值，分析比较左边烧杯水溶液中的微粒数目，可以帮助学生理解强弱电解质在水中的电离程度❷。

> ❷优点：整合数字化实验的课程教学为学生营造真实的学习情境，提供更多维度的证据，帮助学生理解微观本质、建立"宏观—微观—符号"之间的联系，促进学生化学思维方式的形成。

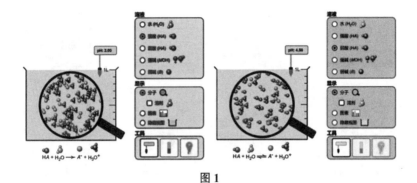

图1

如果我们选择的工具的导电装置（图1，工具中的💡），能看到如图2所示的强弱电解质产生的不同性质。

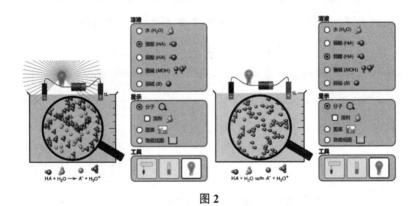

图2

分析图3中的pH试纸以及相同浓度的一元强酸和一元弱酸溶液中氢离子的数值，可以定量地感受强弱电解质在水溶液中的电离程度❸。

❸ 优点：教师通过有效整合数字化实验课程的手段，提升学生的学习体验和学科核心素养。

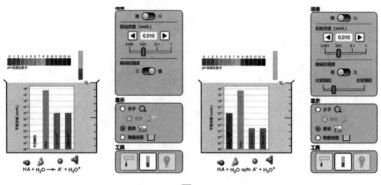

图 3

　　将整合数字化实验资源应用于课堂教学，对教师"有效整合"的关键能力提出新挑战。针对区域教师整体信息水平相对薄弱或单一的情况，区教研团队首先开展了高中教师信息技术系列的通识培训，在此基础上成立数字化实验研究小组，开发与整合适切教学内容的数字化实验，撰写典型的实验教学案例，提供教师适切多元的整合资源，落实数字化实验对培养学生学科核心素养的重要作用。

（本案例提供者：陆惠莲）

案例二：02　高中英语多教材整合探索

　　区域某校在多次学生问卷的调查中发现，高一学生普遍感觉各门学科中英语难度较大，并且有相当一部分学生缺乏学习新教材的热情和动力，尤其感觉词汇学习耗时长、难度大。在经历了多轮的双新培训和区域新教材理念的学习后，该校在区教研员的指导下，决定以主题语境下两套新教材核心词汇的研究为抓手，推进多教材的教学整合❶，具体操作如下：

> ❶ 问题：针对学情，结合英语词汇学习现状，触发多教材教学整合探索的契机。

（1）建立多教材主题语料库

根据两套新教材的内容，教研组分类整合了话题内容，建立了多个主题的语料库。在教学过程中，不断收集整理相关主题的多模态语料，丰富相关主题的语言素材，丰富了学生的学习资源和模式。

（2）开展融合写作

上外版选修 1 中的 Unit 2 和上教版必修 1 中的 Unit 1 "听说"部分都是围绕着志愿者活动展开的，教学时可以尽可能多地把两套教材的单元主题词汇和单元内容资源作为写作的素材运用在自己的写作文章中。通过写作这一语言技能的教学，将两套教材整合提炼，融为一体。

（3）推进创新型英语长作业

上教版教材中的 mini-project 板块设计的开放式任务是综合性的语言学习活动。于是教研组在上外版教学过程中整合了上教版教材这一板块的优点，在教学中鼓励学生使用积累的两本教材的语言资源，完成以上外版教材中的话题为内容，上教版 mini-project 为模式的长作业。由此整合两套教材，切实提高学生语言学习品质，进一步发展学科语言素养，最终各小组以项目汇报的形式展现作业成果，长作业的完成过程大大推动了整

> ❷ 优点：教师通过整合多教材的话题刺激，语言刺激和模式刺激，切实提高学生语言学习的质量，促进学科语言素养的提升。

个小组全方位的语言能力，受到广大师生的一致好评 ❷。

经过一系列的多教材整合探索发现，通过多教材的话题刺激，语言刺激和模式刺激，不仅学生的学习积极性大幅提高，参与多样化语言活动的热情显著提升，语言能力也有了很大进步；同时通过教研活动氛围的提升，教师通过两本教材的对比研究，提炼精华，有效整合教材资源的能力也得到大幅提升。

（本案例提供者：汤华）

案例三 03 "编程解决问题的过程"的反思与优化

教师 G 进行区公开课教学，选择了"编程解决问题的过程"一课。教材内容是通过编写"计算中国农历年份"程序来理解计算机编程解决问题的一般过程：提出问题—抽象建模—设计算法—编写程序—调试运行。

在学科教研员的指导下，教师 G 尝试从任务情境、学习支架、评价手段和内容拓展等方面对原有教学进行优化。他广泛借鉴各种优质课资源，挖掘校园中的活动素材，从"做中学"的视角出发，创设新情境，自制学具，结合学校现有学习平台的资源，创新评价手段，在真实问题解决中聚焦计算思维（学习内容）和数字化环境学习与创新（数字化资源）两大核心素养的提升。

下表是教师 G 有机整合各种资源后的教学设计变化：

资源类型	教材版	整合版
任务情境	编写"计算中国农历年份"程序	为学校艺术节批量制作邀请函❶
学习支架	无	纸质邀请函❷
	纸质任务单	纸质任务单
	半成品代码	半成品代码
	无	自学微视频：用"邮件合并"功能批量生成邀请函❸
评价手段	纸质任务单投屏反馈	任务单拍照上传学习平台互动反馈❹
	程序实现	程序实现
拓展活动	提出问题—抽象建模—设计算法—编写程序—调试运行	提出问题—抽象建模—设计算法—编写程序—调试运行—功能应用❺

❶优点：创设贴近学生的项目情境，在真实问题的解决中开展学习。

❷优点：比较手工制作和借助计算机制作邀请函的步骤，对问题进行"抽象与建模"。

❸优点：自制微视频供学生进行探究学习。

❹优点：应用数字化手段对学生学习结果进行过程性即时评价。

❺优点：整合文字编辑软件中的"邮件合并"功能，实现对学习内容的迁移应用。

　　由此可见，教师对"有效整合"关键能力的优化，能有效提升因材施教、因能施教、因学施教的教学能力，统筹协调教学课程的实施和活动开发，其他学科也有类似的案例，如：体育学科运用LED数字大屏，设计互动游戏，有效整合数字化与场所空间资源，提升学习实效；艺术学科结合义卖集市活动的摊位设计与实践，联系生活实际匹配学生活动；小学欣赏课整合数字化互动平台，设计学生视觉笔记，以任务驱动方式增强学习直观体验……

（本案例提供者：郭颖慧）

（三）"有效整合"行为优化的操作要则

1. 立足教材本体，选择贴近生活的教学资源

教材是课程教学的根本依据，但教材知识并不能直接转化为学生的核心素养，将教材知识通过多元化的教学资源呈现出来才能引导学生充分领悟、理解、吸收与内化教材蕴含的智慧。

2. 注重学生发展，拓宽获取多元化资源途径

教师基于已有教学理念和实践经验，根据资源的多种来源，包括校内资源、校外资源、自然资源、社会资源，进一步开发场地、设施设备、研学资料、人力资源、技术手段等多元化的教学资源，可充分满足不同水平，不同个性的学生需求，促进学生知识与素养的共同发展。

3. 提升专业素养，善于发掘资源的深层价值

教师是资源选择与匹配的引导者，需要对教材进行深度挖掘，并将其渗入资源开发与整合的深层次，按照学校特色和学生实际情况来协调课程实施以及活动的开发，教师应善于发现、善于研究、善于创造，激发运用有效资源突破教学难度的教学创造力。

4. 强化教研实践，探索教学与资源的融合方式

优化后的教学设计预设离不开教学实践的检验，教师通过反复教研实践，积累教学经验，强化教学反思，促使自身在高质量开发利用和有效整合资源的相关能力直接提升，增强对多元化、现代化资源的价值认同与敏感度。

二、"设计"模块之"合理创生"行为优化

（一）"合理创生"行为的诊断与问题表现

合理创生是一个主动、持续的建构过程，强调教师有意识地协调教学过程中各教学因素，创造性地生成最优化方案，以求最大限度地激发学生的内在潜力，取得最高效的教学成果。教师普遍重视教学目标的创建，关注目标与教学行为的关联，并强调教学过程的有序推进。

当然，在日常的听课、教研以及与教师交流的过程中也发现，教师在合理创生这个关键行为中会产生以下问题：

1. 创生目标不够"精准"

核心素养视域下的目标设计是教学的灵魂，支配整个教学过程，教师进行目标设计时，往往表现出目标主体不明确，目标数量偏多且繁杂；目标设计相对混乱，目标呈现欠缺主线和层次划分；目标与内容关联性不强，可操作性有待提高等。

2. 创生内容比较"局限"

教师在创生设计的内容中，往往会选择已有的教材资源按部就班地设计，最大的问题是缺乏与学生密切相关的、真实有趣的生活情境的融合，对于活动内容的多元化选取与开发，对于优质教学资源的深度挖掘与整合都存在不小的瓶颈。

3. 创生方法相对"陈旧"

教师在进行活动设计时，主要偏重传统方式上对知识片段或孤立技能的训练，学生难以建立知识之间的关联，实现深度学习，同时也因缺乏真实有效的学习体验，无法通过学习活动达成能力、素养的蜕变。

4. 创生优化缺乏"实效"

教师进行"合理创生"需要相应的素质条件，包括意识结构、知识理论结构、人格结构等，这些条件都影响着教师优化设计方案时的整体发挥，尤其是教师的教学理念与素养，限制其反思与改进的实效，影响创生方案的持续优化与完善。

（二）"合理创生"行为优化的典型样例解析

> **案例一：01** 打造"回应式"课堂——基于学科核心素养的学生活动设计

4月初，A校开展打造"回应式"课堂的校级学术主题活动，小王老师积极承担了地理学科的展示课，在初步确定了教学目标、教学重点、教学难点、教学方法和手段以及三个方向的学生活动，校级教研组开展了一系列"深度教研"活动❶，对小王老师的教学设计进行多次深入细致的研讨，对学生活动设计进行了不断的优化和完善。在学校的学术主题活动展示结束后，小王老师又根据自己的教学反思和

❶问题：以深度教研"层层递进"，聚焦情境创设内容比较"陈旧"，活动设计缺乏"实效"等不足。

校级团队的建议，形成进一步优化本节课学生活动的设计，从贴近生活地理的情境中落实学生核心素养的新构想；随后通过区教研员和地理学科中心组骨干教师的共同研讨，对本课题再次进行深度打磨和完善❷；最终，小王老师的"地震"一课作为区级公开示范课进行展示，在区级教研平台中通过交流探讨又获得新启发。课例的学生活动前后对比，几次"蜕变"，教师对于达成教学目标的学生活动设计进行了多次优化和完善，其本人对课堂活动的设计与应变能力、支持与引导能力、合作与对话能力以及反思与建构能力得到迅速提升。

> ❷优点：激活团队协作，依托区级教研平台，提升合理创生构建与反思能力。

    由校级备课团队—区级骨干教研团队—区级研训一体教研平台进行梯级进阶式课堂实践的探究，推动教师专业化成长过程，也提升了对学生活动设计的"合理创生"能力。小王老师的学生活动设计经过"合理创生"后（见下表），以生活中真实的任务情境增强了学生任务的参与性、实践性，也大大提高了学生的区域认知和综合思维能力；同时运用现代化信息技术，实施"线上线下"混合式教学，充分整合多种教学资源，培养学生收集、处理信息的能力，提升灵活运用知识解决问题的能力❸。

> ❸优点：以真实情境下的学习任务驱动，运用"混合式"教学优化学生体验感，增强课堂参与度。

"合理创生"的学生活动设计

	初始版本	优化版本
学生活动一	以唐山大地震的案例为导入；教师口述地震要素的特征；泛泛而谈地震的影响因素	以土耳其地震为情境"一境到底"❹；学生在任务单上自主圈划信息；登录"地震速报"APP收集地震信息
学生活动二	圈画20世纪以来10次大地震；标注世界两大地震带的范围；思考我国是否为多地震国家	查询30天内发生地震的分布图；地震分布图层叠加追踪两大地震带❺；查询地震信息收集数据说明我国是否为多地震国家
学生活动三	讨论土耳其地震造成的影响；角色扮演应对地震防灾减灾的措施	限时"制作地震应急包"❻（映射地震可能造成的危害和影响，强化应对地震的应急减灾的有效措施）

❹ 优点：运用时事热点的情境创设，激发学习兴趣。

❺ 优点：结合数字化信息技术的混合应用，提升时空视角下的地理学科综合思维。

❻ 优点：设计基于真实情境的驱动性任务，培养解决真实问题的关键能力。

　　初中生物—地理跨学科的案例分析诞生于2019年的中考新科目，具有综合性强、能力素养提升导向、聚焦真实情境中复杂问题的解决等新特征。初中生物教师在对该题型自主设计时往往有较多困难，常沿用传统考点、模式和要求，出现能力、素养体现有限，单学科题偏多等"新瓶装旧酒"的问题。

　　　　　　　　　　　　　　　　　　　（本案例提供者：凌敏）

案例二：02　推陈出新——初中"生物—地理"跨学科案例分析命题设计培训

　　为帮助教师实现推陈出新，教研室生物组在2021年申报了"静安初中生命科学教师中考跨学科案例分析命题能力评估与培训行动研究"区级课题，启动相关培训，参培教师在跨学科案例分析命题设计方面获得了质量整体提升❶。

以某校 W 老师的命题作品《西藏温泉蛇》为例（下表所示），经历培训前后的命题优化效果显著，探究主线更加清晰、要素更为全面，素养提升与评价的效度增加❷。

❶优点：理论培训有涉及考试评价基本理论和一般命题技能，为"新题创生"打好基础。

❷优点：从内容素材、考点要求、题型设计、主题主线、难度设置等方面，引导教师把握新发展趋势，总结设计优化策略和技巧。

西藏温泉蛇

	培训前原初设计		培训后优化设计	
材料背景	直接呈现温泉蛇生活的环境特点及其栖息地选择偏好的研究结论。❸		介绍青藏高原地区的环境特点、温泉蛇的习性现象、特征等。❺	
生物	• 写一条温泉蛇栖息地的食物链 • 判断温泉蛇所属的生物类别	简单应用 识记判断	• 写关于温泉蛇的一条食物链	理解应用
地理	• 判断西藏气候类型	识记判断	• 判断青藏高原所处地势阶梯	识记判断
跨学科	• 分析温泉蛇适应温泉环境的原因 • 提出温泉蛇的保护建议❹	笼统分析 简单设计	• 判断青藏高原的地形特征对温泉蛇的栖息地选择影响 • 分析温泉蛇的形态结构、生理行为与环境适应间的关联	综合判断 多元分析 数据分析 综合运用与设计

❸问题：培训前的原初设计"材料背景"直接体现相关研究的结论，限制探索空间。

❹问题：小题内容方面，单学科问题较多，且大多以"识记""简单运用""笼统分析"等较基础的要求为主。

❺优点：培训后的优化设计，材料部分调整为启发探究的背景信息和现象依据。

（续表）

	培训前原初设计	培训后优化设计	
跨学科		• 分析温泉蛇活动高峰的数据 • 阐释活动高峰的形成原因 • 论述地热资源的开发对温泉蛇生存环境可能带来的影响，并提出保护建议❻	

❻优点：小题中跨学科比重显著增加，融入了"数据分析""综合运用与设计"等能力题型，新考点多。

教学设计中的"合理创生"，设定可测可评的教学目标往往是首要任务，从单元整体的角度来研判、解读和整合教学目标，能够满足不同学生素养发展的要求，也是落实学科核心素养、实现学科育人的基本单位和重要路径。

（本案例提供者：唐文俊）

案例三：03 初中科学基于学习目标的合理创生

以六年级第一学期第 4 章"物质的粒子模型"第 9 课时的热胀冷缩为例，左边为 2019 年获得上海市中青年教师教育评比一等奖的教学目标设计，右边为 2022 年经过区级教研团队实训一体化后调整的公开课教学目标设计。

如下表所示，2019 年撰写的该课时教学目标并没有将教学的行为条件、行为表现和表现程度联系在一起，并没有将课堂教学内容与生活实际联系在一起，教学目标之间的逻辑存在一定的问题。以上这些问题的产生正是由于教师没有对整个单元

2019 年 ❶	2022 年 ❷
1. 知道固体、液体、气体都有热胀冷缩现象，并初步学会运用物体的热胀冷缩原理解释生活中的现象。 2. 初步学会运用粒子模型理论解释物体的热胀冷缩现象，感受用粒子模型解释物质特性的意义。 3. 初步学会使用测量工具获得客观的数据证据，并分析物体的变化。 4. 感受热胀冷缩与生活息息相关，知道防止热胀冷缩造成危害的方法，以及热胀冷缩在生活中的应用。	1. 通过"探究气体、液体、固体受热遇冷的变化"活动，知道一般情况下不同状态的物质受热膨胀遇冷收缩，初步学会使用温度传感器、摄像头等测量工具获得客观的证据，并分析物体的变化。 2. 通过"粒子模型解释热胀冷缩"活动，学会用粒子模型解释物体的热胀冷缩现象。 3. 通过"解释生活中热胀冷缩的现象"活动，认识一些日常生活的热胀冷缩现象。

❶ 问题：课时教学目标与教学行为条件、行为表现和表现程度的关联不足。

❷ 优点：单元视角下知识内容的梳理，教学目标之间的逻辑关联清晰，明确呈现教学的行为条件、行为表现和表现程度。

的教学内容进行梳理，只是针对这个课时的教学内容进行一定的理解并依照以往的教学经验与学生的学情撰写的。2022 年的教学目标是在区教研团队的引领下，进行深度反思、内化以及调整，通过梳理、分析整个单元的教学内容后再进行撰写，教学目标中能够清晰地看到几个教学目标之间的有机关联，并清晰地看到教学的行为条件、行为表现以及可评测的表现程度。

（本案例提供者：孔云峰）

案例四: **04** 激活学生 深化指导——提升活动创生优化实效

小学思政学科关注学生理论知识向实践能力的转化，主张通过活动化的课程，联通理论探究与社会生活实际问题的参与解决。以《道德与法治》四年级上册第 14 课《当冲突发生》的

❶ 优点：该课旨在引导学生认识校园冲突的主要类型和产生原因，学会使用多种方法解决生活中的各种冲突。

❷ 优点：教师收集学生对活动的反馈，并与教研员进行反馈交流。通过不断从活动内容、组织、延伸指导等方面创生优化，提升活动创生实效。

教学设计为例 ❶。

某校教师在本课原初设计时共设计了七项课堂活动，十分丰富。但是在实际教学中发现存在：环节过多、过散、过平，学生主体参与程度不均匀，教师的主导比重过大，理论转化、实践运用体现不足等问题。在学校团队和学科教研员的指导和帮助下，教师进行了一系列针对性的调整，以提升实效 ❷：

（1）丰富情景素材，精化活动环节。补充引入更广泛的冲突情景，从日常生活到学校环境；以任务群的形式出现，强调实践性和互动性；活动环节整合形成四个主体活动，给予充足的时间保证，激活学生并充分发挥其主体性，使他们能在更多元的背景下自主探讨、实践冲突解决策略。

（2）增加游戏互动，优化活动组织。例如：让学生以抽选盲盒的形式选情境材料；组织角色扮演、即兴辩论等。趣味性的活动组织使学生们更加积极地参与；教师也对参与度较低的学生适时鼓励、关心指导。

（3）补充剖析指导，深化活动意义。学生对冲突的认知常停留在表面矛盾，往往忽视背后更为复杂的心理和社会因素；冲突过程中的情绪管理对许多学生而言也是一个巨大的挑战。为此，引入心理学"有效沟通""情绪管理"部分技巧培训；还融入 AI

技术，辅助学生个性化指导、问题解决，丰富实用技能收获。

（4）创意板书设计，转化活动成果。教师创造性地采用"矛与盾"的方式设计板书（将负面情绪和冲突形象化为"矛"；"盾"即为调节方法，具体见下图），来呈现"情绪管理和冲突解决"这一主题，更生动地展示和解析课堂上的核心概念，促进活动成果的转化。

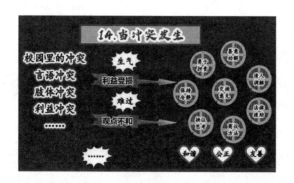

由此可见，通过对教师"合理创生"的关键能力优化，能有效提升教师对教材内容、教学资源、活动设计以及反思优化的专业能力，促进教师对课程目标、课程内容和课程实施方案设计的优化创造能力。例如：物理学科明确设计学科史实、学科实验、贴近生活的情境创设途径，促进学生深度学习；生物学科利用量化工具表设计指向学生关键能力和学科观念的学习活动，落实学生核心素养；英语学科设计以学生为主体的有效提问，激发学生兴趣，促进知识理解，发展学科素养，映射个体不足，等等。

（本案例提供者：刘懿）

（三）"合理创生"行为优化的操作要则

1. 立足情境，优化"创生资源"的开发与利用

在浸润式"贴近学生知识水平、生活实际和社会现实"的情境中，一境到底的设计经历综合思维发展的过程，落实学生地理核心素养的学生活动方案，激发教师个人的"合理创生"意愿。

2. 转变理念，完善"创生活动"的预设与生成

合理创生是一个持续和动态的过程，需要教师打破固有的认知模式和已有的经验，以自身特色、学生特色、学校资源特色等为基础，进行大胆创新与突破。敦促教师转变理念，以学生的个性需求为本位，设计符合学生学情的有效学习活动，并设计多元化的评价体系。

3. 注重实践，增强"创生能力"的培养与提升

"创生"就是探索新知的发展过程，其间离不开真实课堂的师生共同参与、共同构建并推陈出新，可鼓励教师多结合校级、区级的相应学术活动为平台进行探索与尝试，多方听取意见，挖掘自身潜力，促进能力提升。

4. 加强反思，推进"创生方案"的完善与优化

反思活动是优化教师"合理创生"能力的重要保障，建议教师结合具体的教学实践，全面解读自身的教学设计与学生的反应，以此发现教学设计方案中的不足之处，并寻找切实可行的解决策略，实现教师由尝试到创新，由交流到研究，由感性到理性的反思理解和能力提升，同时获得不断优化的教学实践案例，取得明显成效。

第六章
教师关键行为优化的行动探索（三）
——"实施"模块下的教师
关键行为优化

一、"实施"模块之"适切交互"行为优化

（一）"适切交互"行为的诊断与问题表现

课堂教学中的交互行为是课堂教学过程的关键行为之一，教学交互的水平直接影响着教学的水平以及学习的效果，对教学目标的实现更是具有决定性的作用。

在日常的听课、教研以及与教师交流的过程中发现，教师在适切交互这个关键行为中会产生以下问题。

1. 未能分析并选择最佳的交互形式

传统课堂教学中交互形式主要可以分为三类：学生间的互动、教师与学生的互动以及学生与教学内容之间的互动。这些交互形式是教学过程不可或缺的组成部分，它们共同构成教学活动的丰富性和多样性。然而，在数字化教学背景下，交互形式迎来新的拓展，其中包括学生与教学设备之间的互动，如使用电子白板、计算机软件等进行学习；此外，家校沟通中的教师与家长之间的互动也日益成为一种重要的交互方式。这些交互形式在情境和需求方面存在差异，因此，教师无法分析交互形式就难以把握交互形式的特点进而进行有针对性的交互，从而影响教学进程的正常展开。

2. 未能判断并把握生成合适的交互时机

在教育实践中，交互时机的把握对于课堂教学的顺利进行具有至关重要的作用。生成性和最佳的交互时机，不仅可以提升课堂教学效果，更能激发学生的学习兴趣和积极性。在交互准备阶段，教师往往会针对教学内容、学生特点和教学目标，进行精心的预判和准备。教师需要对教学资源进行充分整合，创设出有利于学生主动参与、思维活跃的课堂氛围。这样，在教学过程中，教师才能抓住有利时机，引导学生开展有效的交互。

然而，在实际教学过程中，学生提出的一个问题或是对某个观点的质疑，这种突发的交互时机往往会被教师忽略或令教师无法应对，从而错过交互时机。

3. 未能辨析并及时提供有效的交互内容

课堂教学中交互内容除了教材之外还有一些包括阅读资料、探究实验、拓展练习等等。在课堂教学外的交互内容可能还需要增加学生的课堂表现、活动情况等等，根据不同的教学内容以及交互形式我们需要辨析不同的交互内容。合适、有效的交互内容能够引发思考，达成交互的目标；不合适、无效的交互内容会使得交互进程无法继续，难以达成交互目标。

（二）"适切交互"行为优化的典型样例解析

案例一 01：立足"社会情绪能力"养成教育优化教师关键行为之适切互动

小 A 老师新接班不久，发现班里一个男生各项问题很突出，出于强烈的责任心，他一看到问题就会立刻把男生叫到讲台前进行提醒和教育，但效果都不明显。有几次问题比较突出，小 A 老师便联系了男孩家长，起初有些效果，但时间一久又恢复老样子。有一次微信联系时，竟然发现自己已不是对方好友。

在一对一辅导过程中，小 A 老师道出了自己最近遇到的这一情况。尽管他已经意识到自己与这位家长的沟通出现了问题，但在复盘整个事件的过程时，他却有些困惑，难道看着孩子问题日益严重不联系家长吗？他也不知道究竟哪个具体环节出了问题。❶

> ❶ 问题：无法寻找合适时机及有效内容与家长进行交互。

于是，在帮助他诊断的过程中，教研员先引导小 A 老师从"同理心"出发，尝试思考男生和家长可能会有的不同想法和感受。最终引发思考：仅仅简单地改变决策"不去找家长"就真能改变已经产生的结果吗？由此启发小 A 老师在一些重要环节中去发现，他究竟忽略了什么。例如：

小 A 老师真正了解这个男生吗？不仅仅是老师面前的他，

和同学相处时怎么样，平时在家庭中又是什么样的表现？

男生每次被小 A 老师拉在讲台前批评时他会有些什么想法和感受？

男生家长平时教育他的情况如何？他父母的教育理念如何？属于哪一类型的家长……

男生家长是否和其他学科老师主动沟通过？沟通情况如何？

当小 A 老师第一次给家长打电话时，从家长的语气及回应中感受到了什么？

小 A 老师是否察觉到：从哪一次开始这位家长在沟通中的语气和态度有了变化？

当小 A 老师频繁去联系家长时，这个家长有可能会有什么样的想法？

家长是在什么情况下一次次接听小 A 老师电话的？忙碌工作中？烦躁情绪中？……

在这个案例中首先要确定交互形式，小 A 老师是与家长交互，那么交互形式就是教师与家长的交互，而交互内容是孩子日常教学、生活的情况。在与家长交互之前老师应该先明确交互对象的需求，因此引导小 A 老师从"同理心"的角度出发罗列出一系列可能在交互过程中被忽略的问题，而这些问题必须基于交互形式的确立才能够提出。我们再看：

伴随着这样的思考，小 A 老师从不同角度对这个男生及家庭进行了深入了解，还询问了事件中不同人可能产生的多种想法予以补充，他这才意识到，在那些重要环节中，被他忽视的男生和家长的具体想法、感受决定了这件事情的关键走向。之前看似简单的决策行为背后其实隐藏着太多的问题。

在小 A 老师进行弥补互动之前，再次以"同理心"为立足点，列出了在行动之前的一些具体细致的操作问题及后续的一些思考。❷ 例如：

> ❷ 优点：以"同理心"的角度，在尊重学生及其家庭背景的情况下进行交互。

是不是先缓一缓，等待什么时机缓和彼此关系更好？

之前是和男生爸爸联系的，之后是否从妈妈入手更合适，可以缓和彼此的关系，为日后消除隔阂做好准备？

能否从这个男生入手，由他的变化让其家长在未来有可能改变对现有家校互动的态度？

……

在这里我们引导教师再次利用"同理心"去思考交互时机的选择，由于之前的交互过程不顺利因此可以暂缓交互，等时机成熟后再次进行有效交互，当然也可以选择另一位交互对象，其实这个过程也是对于交互时机的把握，与孩子爸爸的交互时机发生了错误后，转而选择妈妈如果能够把握好交互时机依旧可以进行有效交互。

小 A 老师带着几轮经验和思考后优化了自己的教育行为，他以男生在运动会上的良好表现为激励点，尝试激发男生自我改变的意愿，并在后续互动中把握男生一个细微进步的契机与

❸优点：敏锐地寻找到交互的契机，进行有效交互。

孩子妈妈再次建立了沟通渠道❸，为之前不当决策做了最大的弥补。

在这里交互内容的选择显得尤为重要，小 A 老师选择了男生在运动会上的良好表现作为交互的开始，把握住与孩子妈妈交互的时机与其进行良好的沟通。

（本案例提供者：曹坚红）

案例二：02　优化教师关键行为之适切交互加持提升"线上教学"效率

在高中地理《植被与土壤》的线上教学中学生在学习主要植被类型时，需根据某地植被景观特征，判断其所属植被类型。在线上教学的过程中，往往通过图文资料、教师描述的形式来完成，但因形式单一，学生的主动参与度和学习积极性不高。❶

❶问题：交互内容的选择不贴合学生需求。

于是 A 教师在教学设计中想到利用居家小区的真实情境为背景，通过线上教学技术来优化组织教学：

1. 课堂导入

【线上教学技术】优化

通过钉钉在线课堂的屏幕同步功能，展示截取的窗外景观图像，创设真实情境。利用"连麦"功能与学生进行简单的问答互动，营造轻松的课堂学习气氛。❷

❷优点：交互内容有针对性，适合该年龄学生的认知特点。

以往在这个教学中交互内容都是教师准备好的图文资料，然后通过教师描述来进行，那么这样的交互内容在线下教学时可操作性较强，但是在线教学有其特殊的教学环境，因此我们引导教师根据教学环境的不同在课堂导入环节选择了更为贴切学生的交互内容"自己窗外的图像"，使得之后的交互过程中学生有话可说。

2. 找到森林——根据特征判断森林植被类型、理解其与自然环境的关系

教师展示：分别挑选四张学生课前提交的树种照片（拍摄清晰，能够明显体现出森林植被特征），上传至钉钉白板并分别形成一个页面，并在页面中罗列主要的森林类型、植被特征、气候特点等信息。❸

> ❸优点：通过数字化平台设置一系列有挑战性的交互任务。

学生活动：被邀请的同学在白板上进行操作，每位同学通过画笔连线方式完成一张照片相对应的森林信息收集，并说明判断依据，由照片拍摄者进行点评。最后通过"答题板"功能请全班同学投票评选喜欢的作品。

教师追问："结合上海的气候特征，以上四张照片中哪一种森林树种是上海的原生（地带性）植被？"教师发布问卷星，鼓励学生去"找到森林"。

学生活动：结合我国气候类型分布图，将植被要素与气候要素进行联系，进一步从多角度认识森林植被与自然环境的关系；之后结合中国政区图，判断四种森林树种的原生地区，完成问卷星。

【线上教学技术】优化

① 利用钉钉白板进行师生互动和生生互动，通过线上平台功能将学生居家实践作品与课堂学习目标有效融合，提升学生参与、互动的积极性；

② 利用问卷星完成学生认知植被受气候因素影响的调查，根据问卷星的数据反馈对学生的掌握情况及时进行点评与补充，针对性强。

在线教学使得教师与学生的交互面临着很大的困难，教师无法面对面地与学生交互，因此教师在分析交互形式的情境与需求后利用交互平台以及"问卷星"完成交互，使得交互趣味度提高，交互效率提升。

（本案例提供者：凌敏）

案例三：03　基于多元评估的特殊儿童适切交互行为调整

资源教师（普通学校中的特殊教师）的职责之一是为有特殊教育需要的幼儿提供支持，帮助他们更好地接受融合教育。实践中，我们通过多元评估聚拢各方视角，综合多种方法，运用多种工具，指向多种能力，逐渐梳理出融合教育评估结构化、动态化、生态化兼具的特点。多元评估帮助我们实时调整教学策略，高质量地开展融合教育。

• 豪豪的困境

豪豪是一个中班年龄段的小男生，整体发育迟缓，语言障碍较为明显。经过之前一年的特殊教育与部分融合安置后，豪豪各方面能力都有较为显著的进步。学期初，我们继续使用区本化评估工具《学前特殊儿童能力发展评估手册》对豪豪进行评估，发现他已经基本适应幼儿园生活。之后，继续使用《3—6岁儿童学习与发展指南》与"孩子通"观察指标对豪豪进行评估，发现豪豪的语言、社会能力能够支撑其进入普通班。在与家长进行了有效沟通后，家园一致认为豪豪可以尝试独立参与全融合。因此，本学期安置豪豪直接进入中三班参与独立的全融合。❶

> ❶优点：在有效评价指标下进行观察并与家长交互得到认同。

融合中，我们发现豪豪的生活自理能力明显比普通班幼儿弱。尤其是喝水时，豪豪的唇部没有办法完全包裹杯壁，水从唇周流出，打湿衣服。为更准确地找到豪豪的问题，我们做进一步的言语评估。评估结果显示豪豪感知觉异常，无法有效觉察水流；唇周力量不足，不能有效调动相关肌肉。针对这些问题，中心的老师给出了切实的训练建议。但是训练成效需要时间，而豪豪在幼儿园里每天都要喝水。难道每次都要老师喂吗？答案当然是否定的。在与家长进行深入沟通后，我们决定先向豪豪提供杯子和小勺子。每次喝水时，豪豪就自己用勺子舀水喝。❷

> ❷❸优点：在教学过程中依靠评估、观察等手段敏锐发现孩子的问题，并在尊重孩子与家长的基础上不断与家长进行交互。

• 豪豪的成长

两个月之后的融合小组教研中，我们邀请了豪豪的妈妈一同参与。首先大家就豪豪近期的学习、生活情况作了沟通，认为他已经基本能够自如地参与各项融合活动，在集体生活中与同伴的同质性较高。但是由于只有他使用的是吸管杯，喝水时与同伴的差异非常明显。综合了融合教师和资源教师的活动观察评估记录、个训记录与反馈评价等，在了解了豪豪的居家表现后，大家都充分肯定了豪豪近期的进步，认为他已经掌握了用小茶杯喝水的能力。于是决定由豪豪妈妈先在家里引导豪豪尝试，帮助他树立自信心后，再在幼儿园尝试。❸

某天的点心环节中，教师和保育员一起有条不紊地组织小朋友分组吃点心。看到豪豪走过来，保育员问道："豪豪，你今天要不要试试用杯子喝牛奶啊？"豪豪有点迟疑，没说话微微低下头。保育员接着说："豪豪，我听赵老师说你在家里试着用杯子了。"听到这里，豪豪微微抬头露出了一个俏皮的笑容。"那

> ❹优点：在与孩子的交互过程中设置合理的挑战任务，激发孩子挑战能力边缘的勇气。

我们今天就试试吧。"❹说着，保育员递给豪豪一杯牛奶，豪豪小心接过，一小口、一小口慢慢喝。看到这一幕，同桌小朋友惊喜地叫道："豪豪，你会用杯子啦！"旁边的小朋友都转过来，纷纷说道："豪豪好厉害，豪豪会和我们一样用杯子了。"

这里在教研员的带领下，教师使用了多元的评估手段以及深入的教学观察对孩子的发展进行有针对性的评估，在这个基础上又与家长进行了适切交互，最终在尊重孩子与家长意见的

基础上对孩子之后的训练进行了调整。所以当适切交互行为在一定的理论依据和证据的基础上进行时，特别是在与家长的交互过程中，这样的适切交互会变得更加有效。

同样，在以上案例中我们还看到了教师与学生的交互，学生与学生的交互过程。教师敏锐发现学生与学生交互过程中的问题，通过教师与学生的适切交互，很好地解决了问题，并在之后学生与学生的交互中我们发现教师之前引导产生了正向的作用。

当然，在初中德育教学中教师在对学生进行充分了解的情况下通过学习活动前有针对性地与学生进行适切交互，从而引导学生思考有了方向。同样在活动时老师的适切交互起到了助推器与催化剂作用，让学生的思维有路径、有顿悟。

（本案例提供者：张燕）

（三）"适切交互"行为优化的操作要则

在现代教育理念中，课堂教学不再仅仅是教师单向传授知识，而是强调教师与家长、教师与学生，学生与学生、学生与学习内容之间的互动与协作。在这个背景下，适切交互行为在优化教师行为、提高教学质量方面起到了关键作用。为实现这一目标，可以指导教师遵循以下四个基本要则，并且在具体操作过程中灵活应用四个要则优化适切交互的行为。

1. 平等地尊重每一位交互对象

教师在交互过程中需要平等地尊重每一位交互对象。在课堂交互过程中与学生建立良好的师生互动关系，给予每一位学生平等的关爱和关注，尊重学生的主体地位，创设轻松、自由的交互氛围，鼓励学生勇于表达自己的观点。在这种氛围中，学生能够更加自信地参与课堂交互，从而提高教学效果。此外，教师还需注重培养学生之间的平等互助精神，鼓励他们相互尊重、相互学习，在学生间交互的过程中实现共同成长。

2. 有针对性地设计并实施交互

教师要针对交互双方的不同，有针对性地设计并实施交互。在与家长交互过程中需要站在家长的角度进行思考并选择合适的交互内容与家长进行交互。在与学生的交互过程中需要了解学生的个体差异，关注每个学生的特点和需求，再根据学生的认知水平、兴趣和特长，设计富有针对性的交互内容、策略和方法，使学生在课堂上得到个性化的教育。此外，教师在交互过程中还需关注学生的心理健康，通过交互帮助学生建立自信、向上的心态。

3. 敏锐地把握交互中的生成契机

课堂教学不是预设好的，而是存在着很多突发的情况，教师在交互过程中要尊重学生的创造性思维，鼓励他们提出不同的观点和疑问，敏锐地把握交互中的生成契机，引导学生自主探究、合作学习。教师要善于捕捉课堂中的"生成性资源"，通过与学生的交互，灵活调整教学计划，使课堂充满生机和活力。

4. 合理地设置有挑战性的交互任务

合理地设置有挑战性的交互任务意味着教师要不断提高自

己的教学水平，在课堂交互过程中设置具有一定难度和挑战性的交互内容，激发学生的求知欲和好奇心。教师应在交互过程中关注学生的思维发展，设计富有启发性的问题，引导他们勇于挑战自己的能力边界。教师还需在交互过程中关注学生的进步需求，为他们提供适当的学习支架，助力他们在克服困难中不断成长。

二、"实施"模块之"动态调适"行为优化

（一）"动态调适"行为的诊断与问题表现

在课堂教学中，动态调适作为一种教师应当掌握并应用的教学策略，需要教师时刻关注学生的学习进展和学习需要，并对自己的教学内容和教学方法进行及时的调整和修改。教师需要对学生的学习情况进行实时监控，记录学生在教学活动中的多方位表现并进行分析，及时发现学生的掌握程度、问题和困难，然后针对具体情况进行有针对性的教学调整。但是我们通过课堂教学的观察常常发现教师在动态调适方面存在以下问题表现。

1. 缺乏对学生个性化特点的关照

每一个学生都是一个鲜活的生命体，都有自己已有的认知、经验、感受，带着自己的"前概念"来到课堂进行交流、碰撞、对话。在这种背景下，课堂常常可能没有按教学设计的原有计划进行，各种不确定的因素随时都会出现。但是我们在课堂教学观察中常常会发现教师忽略这种个性化特点，以及

特点背后的学生需求，或者当教师发现这样的生成问题后，由于经验的缺乏以及反馈措施的不到位常常无法进行有效的动态调适。

2. 缺乏运用多元评价方式的意识

有效的教学评价不仅是对学生内容掌握程度的了解，更是对教师教学效果的检验，教师可以根据有效的教学评价评估自己的教学并对教学进行及时有效的调整。我们往往看到课堂上缺失有效的教学评价，没有教学评价的课堂，我们的教师无法对教学过程进行动态调适，也无法满足学生的发展需要。有一些课堂虽然有教学评价但是评价形式单一，使得教师无法从整体上评判教学效果，也无法依据教学评价对教学过程进行动态调适。

3. 缺乏即时反馈、调整教学的应变能力

在教育教学过程中学生常常会有一些生成性的、出乎教师意料之外的反馈与表现，这其实是学生对于教学内容的一种输出。在遇到这些情况时一些教师会忽略给予学生即时反馈、给予学生一些错误的即时反馈或者根本无法给予学生即时反馈。这些都是教师无法接住学生对于教学内容输出的表现，这也与教师教学经验欠缺以及对教学内容掌握不够深入有关。教师对于学生的即时反馈其实是教师教学应变能力的体现，缺乏即时反馈也导致教师无法真正有效地适时调整自己的教学内容与教学方式。

（二）"动态调适"行为优化的典型样例解析

案例一：01 优化道德与法治教师关键行为之学生课堂学习活动的动态调适

这是初中道德与法治六年级第三单元第七课部分课堂活动预设与实施情况。

活动预设目标：

开展"评议好家长"的活动，用虚拟的"家长心声"让学生体会家长对孩子的关爱之心与付出，知道在日常生活中应尊重体谅父母。

活动设计：

【多媒体显示】好家长评议活动

一号家长：我工作很忙，经常要加班到很晚才能回家。可只要想想我的努力能给家人带来较好的生活条件，也就心满意足了。上次期末大考，孩子考得非常好，我一高兴就奖励了他一台心仪很久的游戏机。这下可好，放学回来孩子就想玩游戏。没办法，我只能跟孩子约法三章，规定每周的玩游戏时间。教育孩子可真不容易，不过我觉得我还算是一个称职的家长。

二号家长：我工作很辛苦，有时回到家里腰酸背疼得什么也不想干，可孩子还小，再累我也只能撑着。幸好孩子很懂事，学习成绩不错，尽管家里的生活条件不是很好，但能教育出这么一个孩子，我这个家长也算是称职的了。

三号家长：现在单位竞争压力很大，我们尽管年纪偏大，可也得经常学习。我在家就和孩子互相学习，他教我网络知识，我教他烧菜、做饭。有时孩子也不乐意，觉得我占用了他学习、休息的时间。可我认为学习、生活能力都重要。尽管孩子不乐意，可我认为我还是一个负责的家长。

教师：请同学们评议出你心目中的好家长，并说明理由。

实施效果：

教师带着满满的自信走进课堂，结果是学生不仅没有如老师所愿去了解家长的想法，倾听家长的心声，体会家长无私的爱，体谅家长的辛苦，反而使评议活动变成声讨会与批判会，学生一致认为这样的父母做得不够好，许多地方有待改进，父母应该关心孩子的方方面面，从生活到学习。这样的活动效果恐怕是教师始料未及的。❶

> ❶ 问题：未有效针对该年龄段学生的特点设计问题。

教研员对活动进行原因分析：

究其原因，还是教师没有真正了解学生的心理与思维特点，只是站在教师的角度去思考问题，难免事与愿违。教师认为这三位家长的情况在所任教的班里均带有典型性。他们身上，既有优点，也有不足，但都体现了对孩子的尽心尽责。教师觉得将家长平时的言行展示在学生面前，学生就能联想到家长日常生活中的操劳，透过现象读懂家长的心声，但这只是成年人的思维特点。对于六年级学生来说，他们的思想是单纯的，看问题处在直观的和感性的阶段，缺乏理性思考。故当学生看到"评议好家长"的活动要求时，他们必然要就事论事地对三位家长的表现品头论足一番，从而得出"好家长要关心孩子的方方面面"的结论，甚至出现对家长横挑鼻子竖挑眼的现象，而不可能如教师所愿会透过字里行间去真切体会家长对孩子这份无私的爱，学生有这样的想法与做法很正常，说明学生不是在"作秀"，不是在表演，完全是他们内心世界的真实流露。

在教研员的帮助下进行动态调适：

设计有效的课堂活动，教师首先必须与学生进行平等的对话，通过与学生进行心与心的交流来了解学生真实的思想状况与心理特点，通过观察与分析等方式来掌握学生的思维规律，然后"蹲下身"去，用孩子的视角创设情境，设计问题引发学生思考，增强体验，教师要学会用"童心"看世界，而不是居高临下甚至脱离学生实际进行预设，试图让学生围绕自己的指挥棒旋转。从学生的思想、心理实际创设情境组织学生活动，才能提高教学的适切性。

本着这样的理念我们对以上教学环节进行了调整。课前布置任务，让学生用心去观察"我父母的喜怒哀乐"并记录，课堂进行交流，使学生明白孩子的一言一行都牵动着父母的心，让学生切身感受到父母对自己的关爱，为培养学生理解、尊重与体谅父母的良好品质与习惯做好铺垫。从而对教学目标的达成起到了至关重要的作用。❷

❷优点：创设与学生认知相适应的任务。

我们从这个案例中发现教学实施的效果与教师预设的效果

完全相反，在这时教师需要进行有效的动态调适，那如何进行有效动态调适，教师必须对课堂产生的与预设效果相反的原因进行分析，我们看到在教研员的帮助下教师把评价家长的活动改为观察自己父母的活动，这样的动态调适不仅达成相同的教学目标，还让孩子对自己的父母有了新的认识。

（本案例提供者：杨超琴）

案例二：02 优化初中物理教师关键行为之学生课堂学习活动中的"动态调适"——以"大气压强"为例

"大气压强"是上海教育出版社九年义务教育课本《物理》九年级第一学期（试用本）第六章《压力与压强》第六节的内容，本节的教材内容有三部分组成，即大气压强的存在、大气压强的测定、大气压强与海拔高度的关系。

大气压强的存在（以下为 1.0 版本）

❶问题：无法了解学生的问题，缺乏对学生群体个性化的关照。

学生活动：阅读课本，圈划关键词，知道大气压强产生的原因，交流自己所获得的信息。（见下图）❶

> **大气压强的存在**
> 我们的地球被一层厚度约为 80~100 千米的大气层包围着。如果把地球设想成一只苹果大小，那么苹果皮就相当于大气层。同海水和一切其他物体一样，大气也受到地球的引力作用，因此这层大气不会逃逸到宇宙中去。如果把空气比作海洋，我们就生活在这层海洋的底部。我们周围每立方米空气的质量约为 1 千克，由于大气也受到重力作用，大气会对处于其中的物体产生压强，我们称它为**大气压强**。

实施效果：

学生的阅读活动变成"快速搜索"，划出大气压强的概念。学生交流时，学生的回答相对封闭、单一，由于时间限制，只能展现个别学生的表述，无法展现全体学生的思维痕迹。

教研员对活动进行原因分析：

由于活动要求的限制，学生把阅读活动等同于划出概念，而忽略了文本中其他与大气压强有关的关键信息，师生问答的方式，也使教师难以整体把握学生阅读和理解的水平。显然，这样的阅读活动，仅仅是为了阅读而阅读。

在教研员的指导下进行动态调适（以下为 2.0 版本）

学生活动：阅读；猜想：阅读资料，搜集信息，知道大气压强产生的原因，并在此基础上类比液体内部压强猜想大气压强的特点。（见下图）❷

> ❷ 优点：利用数字化平台关注学生生成差异。

在教研员的指导下，教师对教学流程进行重构，添加一些教学环节。首先将课本内容转化为平台的数字教材，学生可以直接在平板上边阅读边圈划关键词。平台实时识别并记录全体学生圈划的内容，并进行词频统计，最终以柱状图的形式呈现全体学生圈划的结果。其次，在阅读环节之前，即课前两分钟

时，增加观察"潜水和跳伞"视频的活动。

"动态调适"后的实施效果：

① 关键词的词频统计图表隐含了对学生活动表现的即时评价，学生在课堂上直接通过观察词频统计图，即时评价自己圈划的结果，从而反思并改进自己的圈划内容。

② 从统计图中也暴露出大多数学生阅读内容停留在了浅层理解，只有极少数学生注意到了比如"空气海洋的底部""空气比作海洋"等关键词，而这些关键词，恰恰就是，教材编写的意图，引导学生将大气压强跟液体压强进行类比，来理解大气压强！在技术的支持下，暴露了学生阅读理解水平的差异，而利用这些差异，指导学生如何阅读，也是课堂活动设计的目的。

③ 课堂上，在阅读环节之前，即课前两分钟时，增加一个"潜水和跳伞"的视频。这样通过情境创设，来引发学生对液体与气体的关联，接着学生通过阅读圈划后看到了不同的信息呈现，顺势请同学根据信息，类比液体压强，去猜想大气压强的特点。学生在互相启发下，全面利用所呈现的信息，进行合理猜想。在这一教学过程中，通过教师的动态调适，结合技术的运用，激发了学生的深度思维，为学生基于事实的科学推理搭建桥梁。

从这个案例中可以看出，教师在教研员的指导下从以往的纸质教材阅读圈划转为借助数字化平台对学生阅读后关键词圈划的词频收集，这种方式的转变是将教师教学设计的预设与教学过程中学生的生成进行对应，通过这种方式教师能够了解到学生的学习兴趣、学习能力等情况并与教师的预设相对应，及时调整教学策略。

（本案例提供者：彭磊）

案例三：03　在律动教学的即兴能力中优化教师适切交互行为

　　教师即兴能力包含音乐即兴能力和教学即兴能力两部分，这两部分体现出互相促进、相辅相成的关系，即兴能力的起点是学生的学习差异性。以《西风的话》一课为例，律动教学从教师用 ×　×　×　×　|××　××　××　××　|×　×　×　×　|×　　　　|节奏即兴弹奏四个乐句旋律开始，学生跟随音乐用肢体表现力度变化后迁移到歌唱表现中。在第一个班授课时学生过于兴奋，还未到歌唱环节就出现完全失控的状况。❶

> ❶问题：即兴不是随性，容易出现无序的随性，需教师动态调适，重新建立音乐教学的体系。

　　反思调整后同一环节在第二个班教学效果截然不同，问题出在教师的弹奏上：第一个班教师按照自己的弹奏习惯持续用柱式和弦弹奏了4个完整的乐句。这种伴奏肢体具有较强的推动性，学生在跟随中被无形注入动力，再加上力度增强和上肢表现的要求，出现不可控的兴奋状态也在情理之中了。教师若能在学生情绪不受控时，及时调整左手的伴奏主体；在学生出现注意力偏移倾向时，能及时调整律动要求，教学效果会不一样，归根结底是因为学生学习的差异性。因此确保律动歌唱教学的有效实施，有的放矢地即兴教学至关重要。❷

> ❷优点：教师及时调整教学，实现学生音乐学习的个性化和创意表现，学生音乐思维的建立与学习迁移，指向创造力的发展。

学生在课堂上的音乐学习体现出较强的模仿特征，教师成为学生最直接、最重要的模仿对象。教师在教学中表现出的即兴习惯和能力，直接影响学生创新型学习习惯和创造性学习倾向的养成。从这个意义上而言，律动歌唱教学急需教师不断提升即兴的能力。

同样的在这个案例中我们发现教师在前一节课中发现了教学中产生的生成性问题，学生在学习过程中过于兴奋，无法达成教学目标，教师根据学生的情况进行动态调适，根据音乐课的特点调整了律动的要求使得整个教学实施效果更好。

当然我们也有例如小学数学通过信息技术的助力，力图呈现"全员、全面、全程"基于数据、科技的绿色评价，激励学生学习，通过观察分析学生的数据图变化，了解教学问题，从而分析、反思教学过程中影响学生能力提高和核心素养发展的原因，从而动态调适改进教师教学。

（本案例提供者：赵莉）

（三）"动态调适"行为优化的操作要则

1. 探究学生思维断点，理解学生个体差异

思维断点是指学生在学习过程中遇到的认知困难，导致其思维能力无法顺利发展的关键节点。而个体差异则是指每个学生在智力、性格、兴趣、动机等方面存在的不同。探究学生思维断点、理解学生个体差异，是提高教育教学效率的关键。

探究学生思维断点，教师可以加强课堂教学观察，在课堂

上密切关注学生的反应，发现学生的思维断点，并及时给予指导。当然，教师也可以开展学生综合素质评估，通过定期对学生进行智力、性格、兴趣等方面的评估，了解学生的个体差异，为个性化教学提供依据。

在把握学生个体差异的过程中，教师还需要与家长保持密切沟通，了解学生的成长环境，动态调适教学内容。

2. 关注预设与生成的差异

预设是指教师在课前对教学内容、教学方法和教学目标所做的规划和设计。生成则是指在教学过程中，学生根据自身的兴趣、需求和能力所产生的学习成果。预设与生成之间存在差异，这种差异是不可避免的。因此，教师需要关注这种差异，并根据实际情况进行动态调整。

在课前，教师可以通过调查问卷、课堂观察等途径，全面了解学生在学习兴趣、认知水平、思维方式、学习方法等方面的特点，并依据这些特点制定有针对性的教学策略，帮助学生克服学习困难，提高他们的学习能力。在教学过程中，教师需要强化课堂观察，密切关注学生的表现，了解学生的学习需求和困难，为后续教学调整提供依据。当然，教师也可以通过技术手段来掌握学生的学习情况，如网络教学平台或在线评估工具等来进行学生学习情况的监测和评估，为教师提供更全面的学生学习情况的数据。在课堂外，教师还需要主动与学生沟通，并在沟通过程中及时发现学生困惑的焦点、理解的偏差、观点的创意等，及时反思教学效果，及时调整教学内容与策略。同时，通过沟通也可以增强师生之间的互动和信任。

3. 注重多元评价的方式

动态调适是为了能够在教学过程中更好地满足学生的需求和提高学生的学习效果。因此教师需要全面关注学生的学习过程，通过观察学生的参与程度、提问质量、互动效果等方面，采用多元评价方法评价学生的学习状况。

教师可以采用纸笔测试，纸笔测试内容不只是简单的知识性的试题，也需要围绕学生对概念的认知、技能的掌握以及思考的维度等进行；可以采用检测学生素养达成的表现性评价；也可以采用融合评价与技术对学生不同学习阶段进行整体评价，勾勒出一个学生成长的评价图谱，并以此为依据动态调适教学内容和方法，及时调整教学节奏和教学方法。

第七章

教师关键行为优化的行动探索（四）
——"改进"模块下的教师
关键行为优化

一、"改进"模块之"系统反思"行为优化

（一）"系统反思"行为的诊断与问题表现

反思是一种自省、思考、探究和评价，指行为主体立足于自我以外批判性地考察自己言行的过程。教师的教学反思是针对自己教学实践中的活动或者事件进行思考的过程，有助于教师将教学理论与知识转化为教学实践和行为，提高课堂教学的质量，加速教师的专业成长。

教学上的系统反思是指运用系统理论的观点和方法认识和考察课堂教学，在反思时，注重收集教育教学过程中的多种证据，关注教学观念、教学内容、教学方法和教学手段之间的联系，才能对教学过程中的教师教学行为、学生学习行为、教学目标达成状况等各要素进行反思，总结自己的优势和不足，从

而优化自己的课堂教学，形成自己的教学经验。

教师在系统反思教学关键行为上大致存在以下问题。

1. 教师的反思时空相对不足，缺少记录纪要的工具

教学反思是丰富教师的实践知识，提高教学质量的重要途径。教师通过反思，审视问题情境，制定并实施教学。在中小学，受各种传统因素的影响，教师需要在有限的工作时间内进行课堂教学、作业批改、新课准备等，课堂教学结束后，教师往往缺乏反思的精力；有些教师虽然有反思改进的想法，但因为缺乏好用的工具、相应的平台，反思过程和行为较为随性，并且缺少持续性。

2. 教师的反思行为依靠个人，缺少团体共研的氛围

教师对课堂教学的观察、反思和相互研讨，能够帮助以开放的心态、全面的视角看待教育教学工作，以增强教学的科学合理有效性。因此教育行政管理部门对此作出了明确的规定。但遗憾的是，由于校本教研的时空相对不足，或者教师之间的某些竞争行为，教师的课堂教学缺乏相互观摩、团体共研的氛围，也缺乏教师相互之间交流研讨的机会。

3. 教师的反思行为依赖主观感受，缺少客观工具的运用

作为一种复杂的思维活动，教学反思需要实践主体自觉地了解、掌握和运用一定的工具，例如通过观察、问卷、访谈等方式了解学生的学习反馈，借助学生的作业、作品等分析学生的学习结果，并基于这些证据进行教学反思。但在现实生活中，教师往往能够对学生是否投入课堂教学、教学效果如何有一定的感受，但由于缺乏客观工具的使用，造成反思带有教师的主观性，或者反思的角度比较片面的现象。

4. 教师的反思行为关注片段，缺乏整体和动态思考

课堂教学是一个动态发生和整体开展的过程，教师教学过程、学生学习过程以及学习素材等各个要素之间都是彼此联系、互相作用的。教师在反思的过程中，不能只是对教学进行碎片化关注和零星调整，而是要进行系统性思考和整体性重塑。这就要求教师的反思能够把握教学过程的重点和关键问题。从他们的反思来看，反映出的问题较分散，许多内容未加梳理，逻辑性和系统性不够，很少对同一个教学问题进行持续反复的思考。

（二）"系统反思"行为优化的典型样例解析

案例一：01 基于课堂观察工具，激活学生创造力

某教师执教艺术八年级第一学期单元主题"生活——创造艺术的源泉"之"华夏艺术的渊源追溯"一课，邀请教研员和兄弟学校教师进行课堂观摩和研讨，并进行教学反思和改进。

在教研员的组织下，观课教师先使用教学观察表（见下表）进行教学观摩，重点关注数字化教学背景下教师在教学设计、教学实施、活动指导、教学评价、作业设计等方面激活学生创造力的关键行为与实施方式。

教学观察表

学校＿＿＿＿＿＿课题＿＿＿＿＿＿教师＿＿＿＿＿＿班级＿＿＿＿＿＿日期＿＿＿＿＿＿

❶ 将教师的教学行为分为五类，搭建反思框架。 ❷ 对每一类教学行为设计明确的观察点，细化反思行为。 ❸ 记录观察行为，提供质性研究证据和讨论素材。 ❹ 对观察点进行评分，提供数据，呈现观察者的意见。	**一、教学设计与实施❶　观察点❷／程度　0：未见；1—5：程度从低到高** 观察点1：依据教学主题和学情设定教学和活动目标。 　　　　　　　　　　　　　　　　　　　　　程度： 行为描述❸： 观察点2：根据学生课堂学习实际，及时调整教学设计。 　　　　　　　　　　　　　　　　　　　　　程度❹： 行为描述： 观察点3：教学环节与手段调整及时，目标达成有效果。 　　　　　　　　　　　　　　　　　　　　　程度： 行为描述： **二、学习活动指导　观察点／程度　0：未见；1—5：程度从低到高** 观察点1：教师讲解简明精炼、示范有质量，引导性强。 　　　　　　　　　　　　　　　　　　　　　程度： 行为描述： 观察点2：依据学生学习反应，有针对性对原设计动态调整，有成效。 　　　　　　　　　　　　　　　　　　　　　程度： 行为描述： 观察点3：有效运用数字化媒体、软件、平台等突破教学难点。 　　　　　　　　　　　　　　　　　　　　　程度： 特色描述： 观察点4：发掘数字化教学资源优势，优化教与学的双向互动。 　　　　　　　　　　　　　　　　　　　　　程度： 行为描述： **三、学生学习与实践表现　观察点／程度　0：未见；1—5：程度从低到高** 观察点1：乐于参与实践性活动。　　　程度：

（续表）

行为描述：	参与人数比例：
观察点2：主动交流、分享学习成果。	程度：
行为描述：	参与人数比例：
观察点3：实践活动有质量，成果呈现有创意。	程度：
特色描述：	参与人数比例：
四、教学评价　观察点／程度　0：未见；1—5：程度从低到高	
观察点1：评价指标与教学目标对应，评价维度明晰，有据可依。	程度：
行为描述：	参与人数比例：
观察点2：发挥网络平台优势，实现评价的及时性、动态性、交互性。	程度：
特色描述：	参与人数比例：
五、作业设计与实施　观察点／程度　0：未见；1—5：程度从低到高	
观察点1：作业内容体现出对单元与课时的整体设计。	程度：
行为描述：	参与人数比例：
观察点2：作业完成时间合理，作业收集与记录实现数字化。	程度：
行为描述：	参与人数比例：
观察点3：作业实施兼顾探究与实践性。	程度：
行为描述：	参与人数比例：

【案例分析】

这个片段显示，教研员组织教师依托一张课堂教学观察表进行课堂观察、研讨与反思。这张课堂教学观察表包括五个观察角度，每个观察角度又有1—4个不同的观察点。教师基于这些观察点进行评分，并对观察到的现象和行为进行描述。

这一工具提供给教师全面且客观的观察视角，通过对课堂观察工具表相关指标和数据的比对，分析观察对象在教与学双向推进过程中的变化，论证在激活学生创造力教学实施过程中教师关键教学行为的价值和意义，讨论改进方案，为教学改进提供依据和方向。

　　整个观课、反思过程分为四个阶段。第一阶段：全体教师教学观摩，结合教学观察表记录教师教学行为，观察学生学习过程；第二阶段：通过授课与听课教师的互动，在点评交流的质疑与释疑中引发全体教师思考，推进授课教师反思；第三阶段：提炼教师关键行为，发现问题、提取经验、集思广益寻找对策，共商、调整教学实施策略。第四阶段：对互动中的焦点问题及时反馈，规划下一次的教学研讨内容。（具体内容见下表）

研讨反思活动环节一览表

主要环节	环节内容	环节要点	参与形式
准备环节	培训教学所用平台与教学软件操作事项	1.学习、了解与本次教学相关的教学平台和软件；2.教师就以下问题在教研平台上发表观点❶：①你认为"尚学"平台在学生参与艺术实践性活动的优、劣势分别体现在何处？②对于学生而言，你认为"剪映"软件操作难点会表现在何处？	平台互动
教学观摩环节	观摩课堂教学	1.观摩课堂教学；2.填写教学观察表。	教学观摩

> ❶ 提出了反思行为指向的核心问题。

（续表）

主要环节	环节内容	环节要点	参与形式
反思讨论环节	评价教学行为和教学成果	1. 授课教师简介教学设计意图； 2. 结合观课前的预设和存疑，评价数字化背景下实施的教学过程与学习成果； 3. 教学实践基地学校信息技术教师评课与答疑解惑； 4. 评价教师在激活学生艺术创意表现过程中的关键环节。	活动参与者的对话与互动交流
反馈环节	总结、提炼教师关键教学行为❷	1. 总结数字化背景下教师对激活学生艺术创意的关键教学行为； 2. 提炼数字化背景下教师对激发学生参与艺术创造力的关键教学行为。	在线完成问卷调查
教研规划	规划下轮教研活动主题与内容❸	1. 统计、分析教师问卷数据； 2. 根据教师问卷分析结论，分析教研成效，规划下轮教研主要内容。	数据统计与分析

❷ 聚焦核心问题，总结教学行为，强化经验。

❸ 统计数据，汇总本轮研讨情况和教师困惑，开展下一轮活动，形成系统反思。

在这个过程中，教师聚焦"运用平台的作业助手与论坛功能提升学生的创造力"这一关键问题，进行讨论，得到两点共识：1. 通过"作业助手"明确作业要求，优化实践性、创意性作业设计，平台数据统计可以让教师对学生实践性活动进行分析与评估，有助于师生交流创意，激活创造力；2."论坛"实现学生创意和作品的及时记录，其交互和动态的特性使生生、师生间的成果发布、评价反馈、实践调整等深度交流成为可能……

同时，教师还观察到学生对"剪映"软件工具的使用时，较多用来生成图片素材为主的视频作品，因此，教师决定在下一阶段的教学中，开展软件使用方法的指导，基于现有实践经历和经验合理创生，不断拓宽学生创意实施的渠道与方式。

从这个片段中可见，教师开展反思有三个特点：

一是首先聚焦核心问题，并通过对课堂观察工具表相关指标和数据的比对，分析观察对象在教与学双向推进中的变化，围绕核心问题总结相关的教学行为；

二是通过同行研讨以及教师研讨的方式，使得教师的教学反思聚焦关键行为、教师之间分享经验，使得教师的教学反思更具整体性；

三是研讨后再次进行分析，了解教师反思和改进行为的收获和问题，为下一次组织研讨提供依据和方向，从而形成系列化的反思。

（本案例提供者：赵莉　沈瑜萍）

案例二：02　基于学生生活的调查，系统反思活动设计

某教师在执教一节心理健康教育活动课《生命的滋味》时，设计了"人生卡牌"这个活动。为了解活动是否能够引发学生投入，是否带入体验，引发思考❶，老师邀请教研组的老师、教研员一起来听课❷。

> ❶ 提出反思的核心问题，为观察课堂行为提供框架。
> ❷ 邀请同行共同观课，为观察课堂行为增加视角。

该老师在第一轮《人生卡牌》的设计中，设置如下：

1. 一套卡牌有6张，分别包括智力、健康、性格、外貌、人际、家庭六个方面。6张卡牌的设置是2张全优势、2张全劣势、2张一般❸。2. 学生6人一组参加游戏，每个小组拿到一套卡牌。3. 游戏过程中，学生盲抽一张卡牌，进行满意度评分；再去找同学进行调换❹，进行满意度评分。

> ❸❹ 基于核心问题，观察现象，并进行反思——游戏活动的设置存在问题："全优"和"全劣"的设置比较极端，与学生实际相距甚远；由于学生卡牌数为1，交换导致满意度评分两极分化，缺乏讨论空间。

教研员、该教师和教研组的教师在观课过程中进行证据收集，以备反思：

首先，教师收集了学生的反馈：1. 观察、记录学生的现场表现❺，发现：学生进行卡牌满意度评分出现两极化的状态，要么非常好，要么非常糟糕。2. 访问学生❻：当卡牌交换的时候，有什么感受？学生反馈说：如果上一轮拿到了积极特征牌，在后续的交换中被换走后，会感觉非常

> ❺ 观察法，记录学生的表现。
> ❻ 访谈法，记录学生的反馈。

懊恼，为什么自己会失去那张牌，想要做的事情不是在现有的纸牌中找积极资源。还有同学反馈说，卡牌上的故事很奇怪，根本不可能在现实生活中发生，所以就当个游戏玩玩。

❼基于学生的反馈，结合观课之前提出的核心问题，教师反思自己的活动设计，并对活动工具的设计、活动开展的过程和活动后的提问三个环节再次进行设计。

经过讨论，教师反思道❼：课堂上学生之所以投入活动但缺乏思考，有几个原因：一是活动的设置问题：卡牌上的人生故事设置可能不符合学生的生活；二是活动的操作问题：活动过于强调交换，使学生花大量时间在游戏过程上；三是活动后的提问：提问设计缺乏引导性。

❽开展调查，基于反思的关键行为——活动设计，改进活动工具。
❾开展活动模拟和同行研讨，基于反思的关键行为，改进活动过程。

于是，在教研员和老师们的共同讨论下，老师开展小调查，收集学生的生活故事，重新设计和制作卡牌❽。卡牌种类分为外貌、性格、学业、人际、家庭五类，每一类都结合学生的生活故事描写了 6 种现象。

基于课堂的观察与反馈，老师进行了活动模拟，最终确定了新的教学过程和提问❾：

教学过程改进：

1. 抽取卡牌。每位同学在 5 种状态下，各抽取一张卡牌，组成一个人的人生故事；2. 交换卡牌，最多三次；3. 在活动单上对五种状态进行满意度评分。

教学提问设计：

1. 交换卡牌之后，你对自己的卡牌满意吗？满意和不满意的部分是什么？

2. 从什么时候，我们开始关注到我们在这些方面的变化？这些关注在提醒我们在意什么？

3. 重新看自己的卡牌，我们是否有一些不一样的视角和想法？

【案例分析】

从这个案例中我们可以看到，教师在反思的过程中，聚焦课堂教学活动的重难点——学生在活动中有生活经验的代入感，并引发思考。因此，教师对活动工具的设计是否有效、活动过程的参与度是否高、活动反思的时空是否足够等几个角度进行反思。

教师从多方面收集数据，开展反思：一是进行课堂观察。听课教师和王老师观察记录学生的课堂表现；二是进行调查，了解学生的生活经验，从而意识到教师活动设计与学生实际之间的差距；三是进行学生访谈，了解学生对课堂活动的真实感受和收获。

（本案例提供者：杨红梅）

案例三：
03 **基于"静安数智教研"平台的听课与反思**

某科学教师执教七年级第一学期第十章《健康的身体》单元中"食物在口腔中的变化"一课时，教研员听课发现教师的教学内容过于局促，因此，教研员指导教师对课堂教学环节进行反思，重新梳理教学目标和课时安排，从而重新设计教学目标。

　　教学反思过程基于"静安数智教研"平台进行，尤其在教师教学语言、学生发言、师生对话等环节进行数据统计，为教师的反思与改进提供了数据。见下图：

· 第一次教学

教学流程

教学活动速览
活动1
食物的消化过程和牙齿作用
活动2
实验方案设计与实施
活动3
唾液淀粉分解的实验现象及结论

· 第一次教学

指导速点
✓ 实验留下思考和设计
　已在第二次试讲中落实（活动2）
✓ 唾液的作用及消化过程
　已在第二次试讲中落实（活动1）
　口腔唾液对淀粉的作用的实验设计
　水浴锅在实验中的应用
　唾液与淀粉的反应实验

指导要点
· 你认为哪些头实验需要进行怎样的调整？
· 你对第二个实验的实验步骤有什么想法？
· 讲师是否认为学生在讨论表格填写时容易走神？
· 如何帮助食物在口腔中发生变化？

· 第一次教学

教学流程

教学活动速览
活动1
食物在口腔中的消化过程
活动2
试管夹夹管的方向及加热方法
活动3
淀粉在口腔中的消化过程实验
活动4
唾液淀粉转化实验

· 第二次教学

教学流程

教学活动速览
活动1
食物在口腔中的消化过程
活动2
实验设计中的问题讨论
活动3
实验操作中的注意事项
活动4
实验失败原因及改进细节

· 第二次教学

指导速点
✓ 口腔的作用与龋齿预防
✓ 口腔中唾液的作用和检测方法
✓ 如何设计实验和讲解实验
✓ 唾液加淀粉实验的思路和注意事项
　已在教学演示中落实（活动4）

指导要点
· 教材上的活动一是否在这节课讲述？在教材中是否将淀粉的消化作为本节课的主要内容？
· 如果将教材上的龋齿预防放在这节课中，应如何解释？
· 对于牙齿的作用，口腔的作用，唾液的作用，蛇蛇露雾的作用在教材中有提及吗？对于牙齿的作用……

归纳与总结
相较于上一次，本次课程内容围绕改进建议进行了完善，更加贴合教学主题要求。授课方式也更加易于学生理解，对消化与吸收的概念能更生动的去理解……

· 教学展示

教学流程

教学活动速览
活动1
食物在口腔中的消化过程
活动2
试管夹取试管的方向及加热方法
活动3
淀粉在口腔中的消化过程实验
活动4
唾液淀粉转化实验

● 学生发言情况

▌ 学生发言人次

活动	发言人次
1128_市北初级中学北校屠茜茜《食物的消化》	42
1127_市北初级中学北校屠茜茜《食物的消化》	23
1123_市北初级中学北校屠茜茜《食物的消化》	29

数据对比

借助平台，统计学生发言人次，反思学生学习行为。

▌ 学生发言总时长

活动	发言总时长 (分钟)
1128_市北初级中学北校屠茜茜《食物的消化》	25分45秒
1127_市北初级中学北校屠茜茜《食物的消化》	25分15秒
1123_市北初级中学北校屠茜茜《食物的消化》	19分30秒

数据对比

借助平台，统计学生发言时长，反思学生学习行为。

▌ 教师提问数量

活动	提问数量 (个)
1128_市北初级中学北校屠茜茜《食物的消化》	8
1127_市北初级中学北校屠茜茜《食物的消化》	8
1123_市北初级中学北校屠茜茜《食物的消化》	16

① 指标说明：课堂中带有疑问语气的句子或问题，参考范围50-200

数据对比

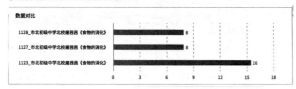

借助平台，统计教师提问数量，反思教师教学行为。

借助平台，统计师生对话轮次，反思师生互动与动态调适。

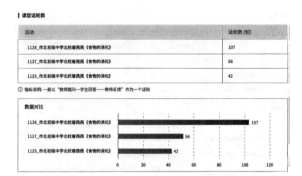

【案例分析】

从上图可以看到，教师围绕"食物的消化"这一主题，进行了三次教学实践。教师和教研员利用静安数智教研平台，开展"提出难点问题—收集相关数据—反思教学环节与目标的适切性、教学过程中学生的学习活动是否充分—改进与提升"的听课反思活动。

从教师提问、学生发言、师生互动的数据中我们可以看到，教师的课堂讲述变得精要、学生的课堂活动时空变长，与此同时发生变化的，是教师对教学目标的清晰理解、具体实施，由此而达成教学效果的优化。

（本案例提供者：孔云峰）

（三）"系统反思"行为优化的操作要则

1. 优选机制，保障反思行为的持续性

促进教师系统反思的行为，首先在思想认识上促进教师的观念，让教师认识到系统的专业反思能切实提高教育教学水平，提高自身业务能力，他们才会自发地接受反思，并在自己实际

的教学行为和方式中体现出系统反思的行为特征。同时，也有助于消减行政管理工作带来的外部强制性，激发教师反思内驱力，自觉地开展教学反思。

其次，在学校工作中提供各种保障性条件，包括机制保障和平台保障。如静安区教育科研室为提高教师的循证研究能力，研发循证研究模型，提供工具单，为教师的反思提供了依据；学校在教研组工作制度建设方面，强化保障教研组活动时间，实行学期听课研课制度，优化校本教研方式；从平台建设而言，学校依托信息技术，让教师可以随时进行课堂教学的反思记录，这些都为教师系统反思行为提供了可行性，保障了反思行为的持续性。

2. 学习理论，实现反思视角的科学性

教学反思是在一定教学理论指导下开展的一种教学研究和实践活动，教学的系统反思离不开教学理论的指导。教师的教学反思要朝着科学规范、遵循规律、以生文本、寻找增值的方向发展；同时要关注学生学习能力的提升，重视学生的反馈；教师还需要加强教师教育理论的培训，在理论实践相结合的基础上提升教师教育理论素养，助力反思能力的长足发展。

静安区教育局师训部基于教师实际，开设多门课程，包括教师的本体性知识学习和实践性知识学习。如学校心理教师参加了"基于 CBT 理论的情绪调节团体辅导活动"师训课程，教师学习 CBT 理论，并练习将 CBT 理论中的具体技术细化为团体活动，思考如何结合学生实际开展活动，使反思行为更加科

学有效。

3. 运用工具，提高反思改进的针对性

系统的教学反思这一行为包含了教师对于教学过程和结果进行的回顾、反省、总结、探究等多方面意味。课堂教学的反思在分析量化数据的同时，还要发挥质性评价的独特作用，采用访谈、调查问卷、个别学生观察等方式收集学生的反馈；同时，还要发挥过程性评价的作用，关注学生的参与情况以及综合素质的体现，使反思改进与课堂教学效果实现协同共进。

一般来说，教师可以运用的工具包括：（1）调查问卷。教师在进行反思过程中，通过问卷了解学生的真实情况和感受；（2）访谈。教师在教学过后，可以找学生进行访谈，了解他们在学习过程中的困难点；（3）个别学生观察。教师在教学中，可以有意识地对某些学生的学习过程进行观察；（4）学生作业统计。教师对作业进行分析，了解学生作业中的突出表现，反思自己的教学过程；（5）数据统计。教师可以通过教育学院创设的静安数智教研平台，统计有关信息，获得数据，开展反思。如初中科学课中对教师的课堂教学语言和互动信息时长进行统计，反思教师的教学语言与教学效果的关系。

4. 加强共研，促进反思行为的有效性

教师有了反思的意识和技能，只是具备了进行教学系统反思的前提条件，如何提升反思的质量，还有赖于与专家和合作教师的交流。如任升录老师在指导青年教师的过程中，常常采

用"伴随式指导"的方式，在备课—试教—研讨—再执教的过程中促进教师进行系统反思。通过讨论，任老师启发教师首先明确教学目标，围绕目标梳理学习活动，强调要让每个教学环节的学习活动丰富学生的学习经历，掌握必要的知识技能，领悟思想方法，润物细无声地培育逻辑推理素养。在任老师的伴随式干预指导下，教师再设计完成教学过程实施流程，经过教师亲身教学实践，逐步领会和掌握其中要领并有自己切身的感受。纸上得来终觉浅，反复磨课，系统反思后再实践，教师亲身投入教学改进中，才会更真切理解教学的复杂，这也是教师教学实践素养积累的必经之路。

由此可见，共研是提升系统反思效能的重要途径。学校和教师可以优化和建立教学研讨制度，通过强化自我反思和加强同行研讨的方法，让教师参与观课、议课的全过程，营造宽松、民主的交流氛围，让教师深度交流，发挥教学研讨的主题作用；同时，也可以采用主题研讨、专家指导的方式，对教师在教学中的难点问题进行多轮次的研讨互动，实现教学反思促进教师专业发展。

二、"改进"模块之"持续优化"行为优化

（一）"持续优化"行为的诊断与问题表现

持续优化是指教师根据教育教学实践中存在的问题进行修正，形成改进方案，并循环改进自身的教育教学行为，以达到不断优化的效果。教师针对教育教学过程中遇到的问题，分析原

因，不断优化，制定新一轮的实施方案。制定新方案要根据发现的问题，综合考虑资源、情境等方面的现状，优化内容，选择适切的方法手段，形成改进方案。再根据新的方案，开展新一轮实践。在新一轮实施中，关注过程与成效，循环改进，持续优化。

在平时的教科研及与教师的沟通交流过程中发现，教师在"持续优化"这个关键行为中会存在如下问题：

1. 在教育教学工作中对于需要优化的关键点缺乏把握

在教学过程中，教师在持续优化改进教学行为时，会发现影响教学质量的因素问题有很多，例如学情的多样化、评价多元化等，教师若未能识别真正有影响的关键因子，对之进行提炼和分析，则难以形成持续优化的问题改进链。

2. 在解决实际情境当中寻找优化的资源认识有所不足

教师可能会更多关注自身发展水平，而忽视了学生的需要和诉求，或者依赖教材和教学工具，而忽视了教学内容的灵活性和多样性，或者拘泥于传统的教学模式和教学方式，而忽视了教育的现代性和前沿性等，没有综合考量这些因素，对实际情境进行研判。

3. 针对问题进行循环改进时，实现优化的能力有待加强

持续有效地优化教学中存在的问题，需要明确改进目标及需求、学生的特点、促进循环改进的评价机制等，这些都事关教师优化教育教学的适切有效性。如何在保证需要的基础上，合理设计方案，充分发挥评价机制，是需要重点考虑的。

4. 在持续优化改进的过程当中，个体内驱动力有待加强

教学行为的持续优化需要教师长时间反复地思考、沉淀和领悟的契机，过程中容易产生挫败而放弃，需要自驱力能够不断提供动力支持；可以从培养教师的自我专业发展意识、建立反馈与评价机制、创新教学方式、建立合作与分享机制等方面激发其内在动机。

（二）"持续优化"行为优化的典型样例解析

案例一：01 根植学情改进课堂，持续优化教学效果

以《探秘动作捕捉技术》这节市级评优课的磨课过程为例，展现出教师在备课过程中的持续优化行为。这一课属于《新技术体验与探究——身边的❶人工智能》单元，涉及人工智能在动作捕捉技术领域的应用，但又不仅局限于应用，而是要让学生在利用动作捕捉技术解决问题❷的过程中，理解技术的发展需求和革新变化，明白利用人工智能实现动作捕捉的前因后果。

> ❶ 优点：贴近学生生活经验，更容易建立新旧知识间联系，更好地运用到实践中。

> ❷ 优点：以问题解决为导向，注重学生能力的培养。

执教老师精心设计了教案，将教学流程分为五步：问题情境导入、认识转描技术、认识光学动作捕捉、体验人工智能动作捕捉技术、总结。经历了试讲后，学生的表现没有达到预期的成果，于是教研员和执教老师一起分析问题、寻找原因，并改进了课堂。优化过程如下：

教师"持续优化"关键行为前后改进的教学行为对比

	初始版本	初版中学生出现的问题	优化版本	优化版本后的学生表现
引入情境	教师用一段"冬奥会上用动作捕捉技术纠正体育训练的错误动作"的视频来引入❸，提出探秘动作捕捉技术的课题。	这项技术离学生很远，学生不感兴趣，没有很好地投入学习。	开始创设这样一个问题情境❹：体育张老师设计了一套课前操，由于她本人比较害羞，不愿意出镜，希望用虚拟人物代替她把动作呈现出来，形成动画或者视频。希望同学能想办法帮她解决。	因为要帮助体育老师解决问题，学生积极性很高，很想通过学习能帮助老师。
精准提问	教师提问：你们能帮她想想办法吗？	学生想出与本课无关的各种各样的办法，答非所问。	教师提问：你们有什么办法帮她吗？	学生提出把张老师的动作捕捉下来，做成动画。
环节过度	从转描技术到光学动作捕捉，老师通过一个视频，提出了转描技术的缺点，然后提出一系列无关的问题❺：照片中所有信息都要描述下来吗？哪些信息必须捕捉下来？关键点的位置信息有哪些？……	学生不知要回答些什么？也不知什么答案才是老师需要的，更想不到光学动作捕捉的问题。	在分析了转描技术存在的耗时、费力、不精准、只能二维等缺点之后，引出技术优化的需求❻。要提高速度、提高精度，那么计算机就是解决该问题的不二之选，由此，引导学生认识光学动作捕捉技术。	学生理解光学动作捕捉出现的必要性，过度顺畅。

❸ 缺点：距离学生实际生活较远，对视频内容不够了解就无从下手，不利于后面教学内容的开展。

❹ 优点：使教学生动具体化，提高学生兴趣及参与度。

❺ 缺点：对于教学重难点不够聚焦，虽然发散了学生的思维，但不能做到有效聚拢。

❻ 优点：使教学内容之间环环相扣，逻辑递进有层次感，促进学生深度思考。

教师关键行为优化的行动探索（四）——"改进"模块下的教师关键行为优化

（续表）

	初始版本	初版中学生出现的问题	优化版本	优化版本后的学生表现
编程环节	编写人工智能动作捕捉技术时，学生听不懂老师讲的程序思路❼。	学生不清楚这些积木的先后顺序。	教师将人工智能动作捕捉技术的流程与编程的界面同时打开，两者对应讲❽。	学生左右对照，很容易理解。
活动布置		学生方案五花八门，但没有讲到点子上。		由于教师的图示更清晰，任务更明确❾，学生方案精准，活动完成度高。

❼ 缺点：单纯依靠老师讲解，学生被动学习，效果不好。

❽ 优点：对比教学，使区别一目了然，有助于提升学生问题发现的敏感度，提高学生问题解决的成就感。

❾ 优点：有助于教师更好地了解学生所需的知识和技能，并能够量化和评估学生的学习成果。

　　这节课根据每次执教过程中学生的反馈，再多次试讲，多次教学设计和教学细节的持续优化改进后，教学效果有了很大提升，在市评优比赛中获一等奖。整节课注重问题情境的创设和体验活动的设计，关注问题的引导性和递进性，通过问题、活动和示范，启发学生思维，形成知识建构。使学生在积极投入学习的过程中提升探索问题的兴趣和思考能力，落实核心素养的培养。由此可见，基于学情调整改进教师的教学行为，是"持续优化"的关键。

（本案例提供者：康杰）

案例二: 02　基于学校科研年度报告，持续优化教师科研工作

一、问题的产生❶

1. 学校科研工作需在积淀中寻求突破

> ❶ 优点：科研发展以教育实践中的真问题为导向，做到以教促研，以研带教。

虽然"向科研要质量，以科研促发展"已成为区域学校和教师的共识，但在工作实践中还有很多地方需要改善、充实。事实上，学校科研工作的有效梳理，需要教师有长时间的跟踪耐力、深入挖掘经验亮点的分析能力、透过案例发现背后原因的洞察力、反思能力等等。

2. 教师对于科研指导的需求差异显著

由于各校校情不同，教师对于科研发展指导的需求差异显著，从而导致科研指导工作呈现复杂性叠加的特征。如何根据这种复杂性采用恰当的工作机制来推进学校科研发展，做好学校教育科研的指导与服务工作，成为区域科研管理部门持续、深入探究的课题。

3. 科研实践成果的推广力度比较有限

很多学校一直以来坚持开展教育科研，积累下不少研究成

果。然而科研实践成果的宣传推广力度还不够，另外如何突破科研成果自身的适用性及局限性，促进研究成果向教育资源的转化，都需要寻求专业引领与实施路径的创新突破。

二、优化行为的具体操作

为帮助学校把握科研工作现状，寻找正确的发展方向，持续优化教师教育科研行为，我们建立了科研年度报告制度❷。即每

> ❷优点：建立相关制度，保障科研工作的持续优化。

年12月，学校以提交科研年度报告的形式呈现本年度科研工作情况，区域科研管理部门则要针对年度报告反映的现状、问题及需要，及时进行数据汇集、精准诊断、个性服务、优化指导。具体而言，尝试从以下几个角度进行创新突破：

1. 精致设计❸：提高科研工作质量的分析效能

基于理性的认识，设计制定了学校科研年度报告表，从内容模块上看，主要包括数据汇总、自我评价以及总结反思三个方面。

> ❸优点：体现了优化所追求的高效及针对性。

2. 深度分析❹：把握学校教育科研的发展现状

结合科研年度报告中呈现的相关数据及潜在的信息，我们对学校科研工作进行深入解读，不仅了解到区域学校教育科研发展的整体状况，也明晰每个学校纵向的发展趋势图，呈现了整个区域的横向发展差异。

> ❹优点：体现了优化过程中想要更好地理解复杂问题和现象，这对于提高优化堵点的准确性至关重要。

3. 精准回应❺：锚定学校科研发展的真实需求

❺优点：提升科研指导的针对性，个性化进行指导。

学校科研年度报告中反映的问题，有助于我们及时准确地把握到学校的不同需求，从而深入学校对教师实施精准的专业指导，同时，使我们深度了解区域学校科研现状、问题及需求，加强对学校科研工作指导的有效性。

4. 联动分享❻：展示学校教育科研的实践智慧

❻优点：提升教师对科研的关注度，激活更多教师的科研热情。

区域同行的科研工作经验，单单依靠搭建交流平台不够，还要不断提升分享的内容效能，为区域学校搭建富有实效的校本科研支持系统提供新的行动思路，在促进区域学校科研发展的均衡性上发挥切实的推进价值。

三、反思总结

科研年度报告以校为本、直面问题、动态优化、注重长效，通过不断探索与实践形成了"现状描摹—数据挖掘—专业分析—交流反馈—需要回应"的工作机制。学校科研年度报告提供了进行自审的驱动任务，督促学校和教师通过数据分析和对比，面向不同发展周期进行监测并及时改进，从而提升了自主评估、系统反思、持续优化的意识和能力。

科研年度报告全方位集中呈现了学校科研发展的基本状况与程度差异，有助于丰富科研培训的素材和资源，破解学校科研工作发展中的共性难题，及时传递实践智慧，助力学校科研发展的优质和均衡，同时也为区域层面科学评估学校科研工作发展提供了一些新的视角和新的方法，为学校教师提供针对性的服务支持创设了适宜载体。

在区域科研管理工作上，区域科研室很好地利用科研年度报告这一抓手，精准把握当年学校科研工作中的问题所在，明晰来年调整优化的目标意识，从而步步推进，以年度为时间单位持续循环优化，以达到更好的效果。

（本案例提供者：王俊山）

案例三： 03 从幼儿需求出发，循证优化增强其归属感

南阳实验幼儿园是静安区一所实验性示范幼儿园，经过三年研究❶获得了一项循证实践报告的成果。该成果报告从小班幼儿入园遭遇的情绪、生活等现实问题出发，以归属感萌发为主题探索有效的教师支持途径与引导方法。报告的主题线索清晰，从初始的三类前端证据❷中，教师获取了关于幼儿归属感研究价值意义、概念关系以及既有实践基础的有力支持；研究获得的核心举措明确具体，即幼儿归属感萌发的有效途径——环境创设和师幼互动，五种方法❸——放大细节图、增强游戏性、进步可视化、获得表扬具体化、选择自主化，报告对这五种方法的操作解释简明清

❶优点：过程时长体现了优化的持续性。

❷优点：基于证据进行优化，有理有据，结果令人信服。

❸优点：优化方法多元，力争达到最佳效果。

晰，并配以小案例，形象生动，令人印象深刻；关于研究成效，报告用教师日常观察评估量表的数据统计图表以及家长问卷调查、教师反馈信息等方式证明了方法举措的有效性，数据翔实，从中可以看到幼儿在参与、发现、交往、探索、合作等方面的变化非常显著，幼儿的归属感增强、入园适应期缩短，更喜欢幼儿园了，这样的结论出现令人信服。

> ❹ 优点：关注过程存在的问题点进行持续优化。

　　这份报告依托现实困境与优化需要❹，以循证实践为研究范式和优化路径，强化核心举措的示范与创新，有效促进实践改善，最后形成一份值得小班幼儿教师阅读、学习和借鉴的，具有可推广的循证实践报告。

　　由此可见，教师比较成功的持续优化的教学行为，是基于真实情境进行的教育决策和教育有效实践的过程，使教师主体的个性化经验、教学对象的客观实际、教学过程的情境性等有机整合起来，明确了优化的目标、方法和效果，才能够达成的。

（本案例提供者：陆玮芳）

（三）"持续优化"行为优化的操作要则

1. 聚焦问题，锚定优化行为的关键点

　　教师在教育教学过程中注意观察、倾听、反思，及时发现存在的难题和问题，综合分析调研结果与教师自我诊断结果，在此基础上分析凝炼总结出要解决的核心问题，确定教科研的研修主题，在每一主题下，组织教师结合自身实践中的困惑与

需要，进一步细化具体的研究问题，聚焦问题解决的关键点并进行攻克。

2. **实践验证，积累优化效果的动态谱**

分析现存问题的主要原因，判断在于学校和教师的认识不足、教育教学内容与目标不够清晰，还是对学生的学习特点与年龄特点把握不准确，然后对标不同的实施主体，连接每个亟待解决的问题，并在持续优化的过程中重点关注问题的转变，跟踪记录形成优化的动态难点谱系。

3. **合作反思，共享优化反思的经验链**

在优化验证过程中，教师或教研团队需要根据学情灵活地调整教学内容和方法，通过分享各自的经验、观点和反馈，积累成功经验，以达到共同学习和改进；同时，通过不断地反思、分享、学习和优化，形成经验传递和积累的链条，并在区域构建的平台上进行共享，促进解决问题经验的推广，提高教学教育优化的有效性和高效性。

4. **持续关注，增加优化行为的动力值**

增强教师对教学的持续关注动力是一项系统工程，需要我们从多个方面入手，采取切实有效的措施来支持教师。如营造良好的校园氛围鼓励教师进行教学研究、加强教学资源建设、建立健全教学评反馈和教师激励机制，同时关注不同层面的教师职业成长和发展需求，为教师持续关注、循环改进教育实践的难点问题赋予动力值。

第八章
教师关键行为优化的支持与保障

教师关键行为的整体、持续优化离不开项目、资源、课程、平台、机制等多方面的支持与保障。本章聚焦调研中显示的教师关键行为及其行为优化中的典型问题、困惑、需要，整体规划培训课程、孵化龙头项目、研制实施指南、创建数字平台，注重内涵发展，让不同学科学段、不同成长周期的教师都能在全方位的支持与保障中获得专业发展，持续提升区域教师队伍的整体水平。

一、指向教师关键行为优化的培训课程设计与实施

教师教育是培养教师的关键环节，是提升教师专业素养、增强教学创新能力、促进可持续发展的有效途径。建设高素质的教师队伍，有赖于教师整体素养的提升，有赖于教师教育的支持和保障。随着教育改革的推进，教师教育也需要与时俱进，关注教师多样化的需求，帮助教师敏锐研判教育态势、精准理解新教育理念、掌握科学方法，进行培训课程的整体规划和个性化研发。

（一）指向教师关键行为优化的培训课程设计

中共中央、国务院《关于全面深化新时代教师队伍建设改革的意见》（中发〔2018〕4号）指出：要"转变培训方式，推进信息技术与教师培训的有机融合，实行线上线下结合的混合式研修。改进培训内容，紧密结合教育教学一线实际，组织高质量培训，使教师精心钻研教学，切实提升教学水平。……实现培训、教研、电教、科研等部门有机整合"。

课题组根据新时代教育改革要求，结合前期针对教师培训现状和需要的问卷调研、数据分析，加强顶层设计，优化培训方式、完善培训内容、研发新课程、探索多部门联合；聚焦教师教育教学关键行为的优化，在研究实践、循证反思、不断改进中，寻求切实提高教师培训质量的策略和方法。

优化培训方式：其一，为更大范围地满足教师同时在线学习的需求，在成功开展了"信息技术赋能教育"云论坛，积累经验后，面向全体教师新增线上直播方式开展通识培训。其二，支持教师多种形式的个性化自主研修，支持教师在"做中学"中提升解决具体问题的能力，支持教师通过非正式学习获得能力提升，开通能力认证途径。

完善培训内容：其一，既要考虑面向全体教师的通识培训课程，又要考虑教师的不同需求，有针对性地设计个性化课程；其二，既要考虑学科学段的差异，又要考虑不同成长周期教师的需求，为目标群体定制课程；其三，既要安排长周期的培训课程，又要设计短周期的实时更新的系列课程。

　　课题组下发区级教师研修课程征集通知，组织开展区域教师研修课程申报工作，及时提供课程申报指导和相关问题的解答。邀请评审专家为申报课程的教师精心指导，交流互动，适时提供改进完善建议。通过定向征集、自主研发等方式，持续推进优化教师关键行为的培训课程的研发。

　　1. 定向征集

　　向市级教师专业发展学校、正高级教师、特级教师、特级校长、高级教师、区学科带头人、"515 工程"基地式研修团队和自创式研修团队等个人、团体征集课程，发挥优秀个人、团队的示范带头作用。如：

课程名称
"幼儿思维游戏"个体游戏材料的研发
中学物理可视化教学的实践途径
……

关键行为

设计
实施

　　某静安区市级教师专业发展学校的区学科带头人带领团队研发了"'幼儿思维游戏'个体游戏材料的研发"网络课程。课程研发团队结合时代发展的要求和幼儿思维发展现状及幼儿思维培养过程中存在的一些困惑与不足，开展幼儿思维游戏的研究，以解决如何运用游戏促进幼儿思维能力的发展，怎样提升教师运用游戏促进幼儿思维能力发展的专业能力的现实问题。课程中指导学员充分运用和创造性再开发现有玩具，设计研发"幼儿思维游戏"新材料，对研发的材料进行观察、优化与调整，创造性生成最优方案。

表 8-1 "'幼儿思维游戏'材料的研发"课程开发背景、目标及内容

课程名称	"幼儿思维游戏"个体游戏材料的研发
开发背景	对 3—6 岁幼儿，游戏是一种基本的活动，能最大程度地激发幼儿发展的内在需求与动机，游戏可以使幼儿获得积极的情绪体验，有利于幼儿的主动学习，形成良好的学习习惯与品质，游戏可以使幼儿获得专注力、主体性、独立性、创造性、社会性等多方面的发展。游戏对于幼儿的思维、情感、态度以及与同伴友爱、合作、遵守规则等方面的健康发展有促进作用，具备了对幼儿进行整体教育的功能。结合时代发展的要求和幼儿思维发展的现状，我们发现了幼儿思维培养中的问题。 问题一：如何运用游戏促进幼儿思维能力的发展？ 　　游戏是幼儿最喜欢的活动，同时，游戏又是思维活动的一种表现形式。在幼儿园的游戏开展中，或多或少地隐含了促进幼儿思维发展的教育功能。在中国期刊全文数据库中，以篇名为"思维游戏"的关键词进行搜索，发现相关文献六篇，其中与幼儿相关的文章仅为两篇：一篇讲述思维游戏促进幼儿欣赏能力的发展，落在知识技能方面；另一篇主要讲述如何利用生活材料开发幼儿思维游戏的流程、设计与实施策略。对于运用游戏促进幼儿思维能力发展研究较少。 问题二：怎样提升教师运用游戏促进幼儿思维能力发展的专业能力？ 　　一些教师虽然关注到幼儿的差异，但是缺少因人而异运用游戏促进幼儿思维能力发展的方法。在游戏活动的开展中，当幼儿出现教师预设之外的问题时，有些教师往往会因为缺少有效回应策略，或选择回避，或硬将孩子引回到教师的预设之中。教师运用游戏促进幼儿思维能力发展的专业能力有待提高。 　　综上所述，我们开展幼儿思维游戏的研究来解决以上问题。通过"思维"与"游戏"的结合，即将思维培养的目标（以逻辑分类与关系、次序、数概念、时空关系的核心经验为主要内容）融入游戏，在游戏的情景中激活思维，让幼儿在强烈的游戏动机驱动下，积极建构并运用经验，主动地经历发现问题、解决问题的过程，在游戏中开心、开智，思维过程性能力（交流、推理与验证、问题解决、表征、联系）得到发展。
课程目标	明确"幼儿思维游戏"个体游戏材料内涵及其核心价值，了解"幼儿思维游戏"个体游戏材料来源和设计方法。

（续表）

课程 名称	"幼儿思维游戏"个体游戏材料的研发
课程 简介	• 培训内容：基于数学核心经验的数学游戏材料设计与观察，探究现成玩具的使用、开发和新材料的设计。 • 培训目标：厘清幼儿思维游戏的内涵和类别，研发幼儿思维游戏，提炼幼儿思维游戏的组织实施方法。以专家示范、实践反思、案例剖析为主要途径，提升教师设计、组织幼儿思维游戏的专业能力。 • 课程特点：通过理论解读、案例分享，厘清幼儿思维游戏的内涵和类别，研发幼儿思维游戏，提炼幼儿思维游戏的组织实施方法，发展教师更智慧地捕捉一日生活中幼儿生成的问题，具备将问题转化为游戏的专业能力，让幼儿在强烈的游戏动机驱动下，积极建构并运用经验，主动地经历发现问题、解决问题的过程，在游戏中开心、开智，思维过程性能力（交流、推理与验证、问题解决、表征、联系）得到发展，为骨干教师发展提供从理念到实践转化的范例。

区域两位名优教师为帮助教师适应物理教学的 DIS 时代教学新要求，共同开发了网络课程"中学物理可视化教学的实践途径"，引领学员探究可视化技术，学习可视化教学的理论基础，从备课、上课、评价等物理教学多个环节提高可视化教学的实施技能，促进物理教学的数字化转型，优化学员在设计和实施环节中的关键行为。

表 8-2　"中学物理可视化教学的实践途径"课程开发背景、目标及内容

课程 名称	中学物理可视化教学的实践途径
开发 背景	上海二期课改开启物理教学的 DIS 时代，其本质上是科学可视化的应用。随着教育信息化的发展，物理教师不仅需要深入研究包括 DIS 系统在内的学习探究可视化技术，更需要从教学理论的高度，学习可视化教学的理论基础，从备课、上课、评价等物理教学多环节提高可视化教学的实施技能。

（续表）

课程名称	中学物理可视化教学的实践途径
开发背景	可视化与可视化教学因其本身具有的优势已成为教育研究者所关注的热点。本课程的价值在于探索信息技术与物理教学深度融合的途径，让可视化教学成为物理教师自觉提升信息素养和教学效能的载体，更好地走进智慧教育新时代。
课程目标	通过课程学习，了解可视化教学的理论知识，在物理教学中掌握常见的可视化教学的实践操作方式，初步依据可视化原理对物理教学的"教、学、评"全方位进行可视化呈现、分析与应用，促进物理教学的数字化转型，形成积极将信息技术、智能技术深度融入物理教学全过程的教学观念，全面提升信息素养和物理教学效能。
课程简介	本课程结合文献研究、教学实际和实践案例，探讨可视化教学的相关概念和理论，从教学设计可视化、学科知识可视化、学习探究可视化、教学场景可视化和学习数据可视化等途径进行物理教学数字化转型的实践探索，为中学物理教学活动提供从抽象到具体的多样态可视化处理方法。

　　区域全力支持学校及个人将优秀教学成果转换成培训课程，在区域广泛推广，推进教师科研成果和教育教学经验的转化，充分发挥优秀教学成果的推广辐射作用。区域教师教育管理平台拥有三门国家级优秀教学成果转换课程："后'茶馆式'教学""以幼儿自主学习为核心的幼儿园低结构活动探索"和"走进研究型课程"。

课程名称	关键行为
后"茶馆式"教学	发现、设计
以幼儿自主学习为核心的幼儿园低结构活动探索	实施、改进
走进研究型课程	发现、设计

　　"后'茶馆式'教学"凝聚着学校优秀教学研究的成果和经验，获得教育部基础教育课程改革教学研究成果一等奖。学校组织团队进一步研究打磨，将这一高质量成果转换成培训课程，让更多的教师了解后"茶馆式"教学的产生缘由，加深教师对先进教育教学理念的理解；提高教师深入分析学生学习特点的能力；帮助教师掌握课堂教学的基本规律，提高教学有效性，有效提升教师的研究能力。

　　"以幼儿自主学习为核心的幼儿园低结构活动探索"获国家级教学成果一等奖。学校组织团队将成果转化，研发成网络培训课程，指导学员从幼儿特点和需要出发，研究如何降低活动的结构化程度，探索一种开放的幼儿园教学实践范式。课程对基于儿童立场的低结构活动范式进行展开介绍，以理论解读、问题与研讨的方式阐释低结构的内涵和实施策略，以大量的实践案例引领，让教师在实践中可复制、可模仿、可参考、可借鉴，为区域幼儿园将先进的学前教育理念付诸教育实践，为教师优化关键行为、破解幼儿被动学习的难题，提供强有力的关键支持。

　　"走进研究型课程"侧重于指导教师攻克难关，高效开展研究型课程。研究型课程是高一阶段必修课程，旨在培养学生的研究思维、研究能力和研究意识，引导学生联系生活中遇到的实际问题，设计具有可操作性的研究课题。教师在实践教学中，由于缺乏完整的网络课程体系，困难重重。主讲教师结合网络课程的特点，设计符合大部分入门学生学情的课程，研发区级课程，指导参训教师解决困难、攻克难关。

2. 自主研发

联合学院教研室、科研室、德育室等部门，研发指向优化教师关键行为的培训课程，指引区域教师培训课程开发方向，发挥引领指导作用。开发涉及全员导师制（含生涯心理辅导能力、家庭指导能力等）、融合教育素养等主题的课程；新增"研训一体""前沿纵览"等系列课程；研发不同成长周期教师的培养项目定制课程。

不同于以往的大部分以网络课程形态呈现的、定期循环开展的课程，探索能够及时更新的短期研训面授课程。主讲教师必须根据课程改革的要求、根据实地调研过程中发现的问题、根据基层学校教师教育教学实践的需要，确定研修主题，并围绕主题确定每期研修课程的专题。每学期主讲教师结合素养能力提升需要、教师需求变化，围绕主题设计新的专题，申报课程，与之前申报的课程衔接，形成系列课程，以深度教研科研，研训一体的方式，促进教师关键行为的优化。如：

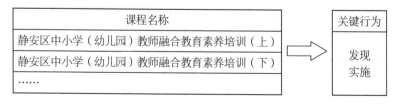

课程名称	关键行为
静安区中小学（幼儿园）教师融合教育素养培训（上）	发现 实施
静安区中小学（幼儿园）教师融合教育素养培训（下）	
……	

"静安区中小学（幼儿园）教师融合教育素养培训"网络课程，由学院联合相关专家共同研发，指导参训教师精准了解

有特殊需求的学生，把握他们的思维规律、心智、非认知特点，
运用科学的理论知识，即时感应、观照，及时提供有效帮助。

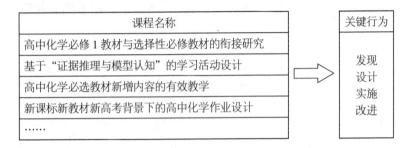

　　如，学院教研室教研员研发了"高中化学必修 1 教材与选
择性必修教材的衔接研究""基于'证据推理与模型认知'的学
习活动设计""高中化学必选教材新增内容的有效教学""新课
标新教材新高考背景下的高中化学作业设计"四门主题研修系
列面授课程。教研员在前期的调研中发现：上海市实施非统编
高中化学教材，面对新课标和新教材，高中化学教师对于必修
教材的教学内容与要求不甚明确，结合这一需要点，开设"高
中化学必修 1 教材与选择性必修教材的衔接研究"课程。通
过对课标的分析与研究、鲁科版及人教版选择性必修教材的研
读，以及借助自身对上海市非统编高中化学教材（5 册）的学
习，在课时安排、内容衔接、要求把握、作业设计等方面为教
师提供指引，引导参训教师对教与学的材料进行研读与把握，
改变教学方式、提升学生学科核心素养。"基于'证据推理与模
型认知'的学习活动设计"课程，以《普通高中化学课程标准

（2017 年版 2020 年修订）》和高中化学新教材为依据，基于化学学科核心素养，解读学习活动的基本理论，剖析学习活动案例，设计学习活动，提高参训教师学习活动的设计和实施能力。2023 年 1 月上海市非统编高中化学选择性必修教材《化学反应原理》《物质结构与性质》全面实施，一方面教师对这部分内容的本体知识还有所欠缺，另一方面对这部分内容的教学价值、教学要求把握不准。需要在区域层面进行相应的研究与培训。鉴于此，教研员开设了"高中化学必选教材新增内容的有效教学"课程，指导参训教师在新课标指导下，掌握教材新增内容的本体知识，把握教学要求，探索教学方法，进行教学设计研究与实践，不断改进，切实将"双新"理念转化为教育教学实践。2024 年 5 月的高中化学等级考，是上海实施新课标新教材的第一次学业考试，要求教师更加重视对新课标的研究、对学科教学基本要求的把握，在全面开展学业考复习的背景下，对单元复习作业（练习）的功能与定位的再认识。编制一份合适的测试卷，成为一线教师亟待提升的基本功之一。而高三化学匹配新课标新教材的练习资源非常缺乏，教师对新课标及新教材的把握不够精准，自编符合学生实际的练习的能力欠缺，需要区域进行一定的引导。通过"新课标新教材新高考背景下的高中化学作业设计"课程的开设，引导参训教师研读课程标准，把握目标要求，明确单元教学目标，能始终围绕教学目标而进行单元作业设计；通过合理的真实问题情境，选用合适的素材，设置新颖的作业呈现方式,促使学生主动思考,善于发现新问题、找到新规律、得出新结论;形成区域等级考复习的作业资源,指导教师完善作业调控机制,创新作业方式,提升作业设计水平。

随着教师科研意识的增强,越来越多的教师希望通过有理论有实践的案例分析,促进教育科研能力提升,优化教育教学关键行为。科研室教师,从区域教师提升教育科研能力的需要出发,聚焦教育科研核心领域和重点环节,围绕教育科研课题的选题、设计、实施、总结,通过要点讲解、案例剖析、小组指导、个性化问题解答等途径,提升参训教师对科研课题设计和实施的能力,指导参训教师运用科学的手段方式收集分析证据,系统分析,循环改进教育教学行为,解决实践中的具体问题。科研室教师分学段在不同学期有序开展,形成系列课程。

(二)指向教师关键行为优化的培训课程实施

国家"十四五"规划以来,2021年9月至2024年4月期间,在原有课程的基础上,区级教师教育管理平台新建设192

门课程，指向"教师关键行为"优化的相关课程共 143 门（包括长期课程短期系列课程等）。每学期，学院安排两期区级课程的开班招生（部分课程及培养项目课程按各自的实施安排开班）。在课程实施过程中，每一门课程都在支持教师关键行为优化的过程中寻求交点，各有侧重，各尽所能，默默提供助力，发挥至关重要的作用。

1."发现"模块关键行为优化课程

"发现"模块课程，或侧重于对相关文件的解读，引导教师关注教育发展，帮助教师感知与分析教育环境，研判教育态势；或侧重于从学科角度出发，引导教师关注"双新"背景下教学观念的转变、新课程方案新标准的解读、新教材的研读，或侧重于指导教师对教育对象心理特点的把握；或侧重于指导教师对有特殊需求的学生的观照，更科学地进行干预辅助等。

表 8-3 "发现"模块关键行为优化课程

维度		"教师关键行为优化"专题研修课程举例
模块	关键行为	
发现	敏锐研判 精准解读	"前沿纵览"系列课程
		静安区中小学（幼儿园）教师融合教育素养培训（上、下）
		"双新"背景下高中思政课教学观念转变
		高中艺术必修教材解读及教学指导
		……

2."设计"模块关键行为优化课程

"设计"模块课程，或关注幼儿园、中小学日常课程的材料研发、活动开发，指导教师按需对资源进行选择、匹配；或侧重于拓展型、研究型课程的文本建设、网络资源开发。课程涉及项目化学习、大单元教学、任务群教学、跨学科教学、情景教学、大观念教学、以问题为驱动的教学等内容，指导教师在研判、解读和整合的基础上，有效开发、整合资源，及时调整、创新，生成学习活动方案，提高教育教学成效。

表 8-4 "设计"模块关键行为优化课程

维度		"教师关键行为优化"专题研修课程举例
模块	关键行为	
设计	有效整合 合理创生	国家级优秀教学成果转换课程——走进研究型课程
		运用空中课堂资源开展教学，提升社会学科核心能力
		"幼儿园思维"个体游戏材料的研发
		核心素养视域下促进深度学习的初中化学学习活动设计
		……

3. "实施"模块关键行为优化课程

"实施"模块课程，侧重于关注师生间日常教育教学活动中的交流互动策略。或指导教师运用科学有效的恰当方式，帮助学生理解自己的情绪、学习调节情绪的方法；或指导教师成为学生学习活动过程中的观察者和引导者，根据教育对象的发展水平和需求灵活调整活动的内容与形式，及时发现并解决问题；或指导教师在教学实施过程中，根据教育对象的反馈、教学效果等因素，运用多元评价，优化教学。

表 8-5　"实施"模块关键行为优化课程

维度		"教师关键行为优化"专题研修课程举例
模块	关键行为	
实施	适切交互 动态调适	国家级优秀教学成果转换课程——后"茶馆式"教学
		国家级优秀教学成果转换课程——让孩子表现自己　让教师发现孩子——以幼儿自主学习为核心的幼儿园低结构活动探索
		基于 CBT 理论的学生情绪辅导团体课程
		"双新"背景下促进物理"科学思维"发展的教学设计与实践
		立足单元视角，探究教考一致
		……

4."改进"模块关键行为优化课程

"改进"模块课程，侧重于指导教师通过问卷设计、数据分析与效果评价、学情诊断等科学手段，对教学过程进行深入思考和评估，进而主动改进教学方法策略；侧重于循证实践的设计与实施指导，增强教师科研意识，进而提升教育科研能力，在多轮循环优化改进实践中，达到教师和学生共同的提升、成长与发展。

表 8-6　"改进"模块关键行为优化课程

维度		"教师关键行为优化"专题研修课程举例
模块	关键行为	
改进	系统反思 持续优化	中小学德育循证的问卷设计、数据分析与效果评价
		学校教师循证实践的设计与实施
		中小学德育循证教学设计与实施
		……

案例一：01　"前沿纵览"通识培训课程实施

"前沿纵览"通识培训课程，是静安区首推的具有区域特色的教师培训课程。中共中央、国务院《关于全面深化新时代教师队伍建设改革的意见》（中发〔2018〕4号）提出："到2035年，教师综合素养、专业化水平和创新能力大幅提升，……教师主动适应信息化、人工智能等技术变革，积极开展教育教学。"在前期调研中，发现教师对于人工智能等科技发展前沿信息的兴趣浓厚，却苦于储备有限；对于新兴智能技术在教育教学场景中的应用还存在较大缺口，却无法触及核心；对于教育技术变革敏感度不够，身为教育工作者却需要走在前沿，亟待改善。面对这样矛盾的现状，教育学院组织团队，寻求专业力量的支持，于2022年4月推出"前沿纵览"通识培训课程，到目前为止，共开设14期。

表8-7　"前沿纵览"通识培训课程

期　　数	"前沿纵览"通识培训课程主题
第一期	元宇宙及其教育应用场景
第二期	面向学生核心素养发展的教育创新
第三期	教育数字化转型：从在线教学有效策略，走向线上线下融合
第四期	反思性实践与教学改进
第五期	教育数字化转型与未来教育发展
第六期	人工智能在中小学教育中的实践
第七期	素养导向的表现性评价
第八期	区块链技术原理与应用概述

（续表）

期　数	"前沿纵览"通识培训课程主题
第九期	ChatGPT 与教育创新
第十期	关注全球议题　助力教育高质量发展
第十一期	食物与人类生活
第十二期	航天科技与科普教育
第十三期	微纳制造与微纳米机器人
第十四期	国际教学视频研究中的有效教学

　　课程内容聚焦科技发展的前沿热点，涵盖诸多科学技术领域最前沿、最具创新性、最具潜力的核心内容，从元宇宙到人工智能到 GhatGPT，从反思性实践到表现性评价到教育数字化转型，从区块链技术到航天技术到微纳米机器人……提前一周，学院进修部会通过平台统一向各学校下发报名通知，通知中预告主题、介绍讲座专家。教师可根据每期预告，结合兴趣点自主选择报名参训，按单次参训情况计入区级学分。

　　学院邀请相关领域的专家开展专题讲座，高端技术名词被转化为身边的场景、生活中的故事，核心的内容被精心地梳理出来，详细地介绍，深入浅出。在教育领域，教师储备前沿技术信息的重要性不容忽视。教师敏锐地感知、持续地更新、学以致用，这对于激发学生学习兴趣、培养其创新能力具有重大意义，对于提升教育质量、培养符合时代需求的人才具有不可替代的作用。

"前沿纵览"通识培训课程的开设得到教师的广泛好评，为更大范围满足教师的学习需要，2022年9月开始采用线上直播方式开展培训，供区域教师在线研修，可满足3000人同时在线观看学习。为更好地满足教师个性化学习需要，也为进一步提升课程质量，增强培训效果，为教师提供更好的培训支持，2023年1月开展了"前沿纵览"通识培训课程需要意见征询，了解教师对于2022年开设的课程主题的兴趣程度、深入探究的意愿，了解课程对教育教学工作的帮助，了解教师希望探究的感兴趣的话题，了解教师对课程培训的组织、内容、时间安排等方面的建议以及培训收获体会。

（本案例提供者：程书丽　徐萍）

案例二：02　"微能力认证研修"课程实施

不同于面向全体教师的"前沿纵览"通识培训课程，"微能力认证研修"课程则是面向5—15年教龄的教师开设的研修课程，是静安区"515工程"教师研修途径之一。它聚焦教育教学实践，以评促学，通过能力点的研修，推动教师在工作实践中提升解决具体问题的能力，优化教师关键行为，加速教师专业成长。

"微能力认证研修"于2023年4月启动，已有500多位教师参与研修获得能力认证。它为教师提供一种证明正式与非正式学习及成果的机会，为教师提供多种菜单式自主选择的可能。教师可以基于自身实践与发展需要自主选择认证项目（微能力点）；可以选择正式学习的形式（如线上学习平台提供的能力点课程等），或非正式学习形式（如请教同事、自主阅读等），也可以两种形式相结合；可以用教育教学实践成果（如课堂录像、教学反思、课程计划等）作为证据；可以跳过研修的正式学习环节，报名申请认证之前在实践中已经掌握的能力，也可以申请认证通过本轮研修发展的能力。学院计划分阶段推进微能力认证研修，已推出体系一"中小学教师课堂教学能力微认证"（基础班、进阶版）和体系二"幼儿园教师专业实践能力微认证"两大体系，后期将逐步推出以下体系：

体系三：中小学教师信息技术应用能力微认证

体系四：高中信息科技教师能力微认证

体系五：设计思维微认证

体系六：在线教学能力微认证

......

学院进修部定期组织微能力认证研修报名工作。教师可自定学习节奏，在区平台报名参加。教师参与研修的过程包括五个步骤：选择、学习、收集、提交和分享。参训教师结合自身需求选择申报需要提升的微能力点，在规定时间内开展研修，提交证据申请认证。由专家评审通过认证的，可计入区级学分。

　　为帮助参训教师更好地实施微能力认证研修，特意安排每期三次的腾讯线上指导活动。研修前，专家介绍微认证、课程资源、操作流程，进行认证规范解读、提供微能力点研修建议；研修过程中，提供证据采集、视频录制技术指导和证据提交步骤指导；研修临近尾声，进行优秀案例分享。同时，建立QQ群，以便研修期间发布活动信息，及时解答学员学习或技术上遇到的问题。为全面分析课程实施成效，为后续工作推进提供建议，开展实施成效问卷调研。分析如下：

　　1. 研修能力点选择情况分析

　　（1）"中小学教师课堂教学能力微认证"能力点选择情况分析

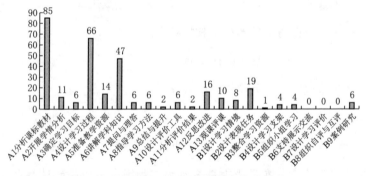

图 8-1　中小学教师课堂教学能力点选择统计

　　上述数据表明：参训教师所选高频能力点为："A1 分析课标教材"85人、"A4 设计学习过程"66人和"A6 讲解学科知识"47人，这些能力点与当前中小学教师围绕新课标的一系列教改热点密切相关。"A1 分析课标教材"和"A6 讲解学科知识"是当前中小学教师聚焦课堂教学变革的重点。"A4 设计学习过程"与跨学科活动设计、项目化学习等主题相关。

"A1 分析课标教材"旨在引领教师明确课标教材分析的依据、思路、步骤，进而在教学中有效研读课标、分析教材，确定学科核心素养领域，界定教学目标、合理安排、组织教学内容，指向教师"敏锐研判"行为的优化。"A4 设计学习过程"旨在引导教师在有效整合学习内容、学习策略、学习环境等要素的基础上，设计学习过程，生成最优化方案，促进学生的发展，指向教师"有效整合""合理创生"行为的优化。"A6 讲解学科知识"旨在指导教师采用有效的教学策略、方法、工具，围绕学科核心知识开展教学活动，提升教学内容的表达和解释力，丰富师生互动的内容和方式，指向教师"适切交互""动态调适"行为的优化。

此外，参训教师选择"B4 设计学习支架"的19人，该能力点指向"合理创生"行为的优化；选择"A12 反思改进"的16人，该能力点指向"持续优化"行为的优化；选择"A5 准备教学资源"的14人，该能力点指向"有效整合"行为的优化；选择"A2 开展学情分析"的11人，该能力点指向"精准解读"行为的优化。

（2）"幼儿园教师专业实践能力微认证"能力点选择情况分析

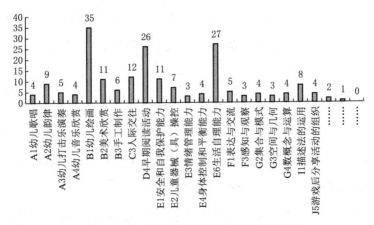

图 8-2　幼儿园教师专业实践能力点选择统计

　　上述数据表明：参训教师能力点选择主要集中在"B1 幼儿绘画"35 人，"E6 生活自理能力"27 人，"D4 早期阅读活动"26 人。其次是"C3 人际交往"12 人，"B2 美术欣赏"11人，"E1 安全和自我保护能力"11 人。这些能力点与幼儿园日常教研活动密切相关，相关的课程资源实践案例丰富。能力点相关课程资源指导教师了解学前儿童认知特点和能力发展趋势，根据幼儿的年龄特点和已有经验水平，组织和实施有关目标与内容的活动，指向教师"精准解读""有效整合""合理创生"行为的优化；指导教师在个别化活动和集体活动中观察分析幼儿的特点，及时进行回应和互动，提供有效支持，指向教师"精准解读""合理创生""适切交互""动态调适"行为的优化；指导教师结合已有发展水平，提出进一步支持幼儿发展的策略，则是指向教师"系统反思"和"持续优化"行为的优化。

"中小学教师课堂教学能力微认证"和"幼儿园教师专业实践能力微认证"各能力点，各有侧重，形成合力，致力于优化教师"发现""设计""实施""改进"模块的关键行为。参训教师的能力点选择情况反映出教师对于优化自身教育教学关键行为、提升专业素养的迫切需要。微能力认证研修项目的开展实施正是源于教师的实际需要。

2. 参训教师的应用迁移行为分析

结合培训实施成效调研问卷反馈，关于"对我的应用迁移行为进行描述（矩形单选题）"一题进行分析。

表8-8　参训教师问卷之"应用迁移行为"情况

题目／选项	完全符合	基本符合	不确定	基本不符合	完全不符合
1. 我参考了微认证项目所选能力点中的评价标准来评估我的教学工作质量	72.34%	27.66%	0.53%	0	0
2. 我通过思考、阅读、观摩优秀案例等方式，应用研修中所学的内容来改进教学	73.4%	26.6%	0.53%	0	0
3. 我经常在日常教学中聚焦所选的能力点进行实践总结与反思	71.28%	28.72%	0.53%	0	0
4. 我经常围绕所选的能力点与教研组同事讨论如何在日常教育教学中进行优化改进	69.68%	30.32%	0.53%	0	0
5. 我向他人分享了培训学到的相关材料和资源	68.09%	29.79%	2.13%	0.53%	0

　　数据表明，70%左右的教师表示描述完全符合，表示"基本符合的"占30%左右。这表明：几乎所有的参训教师都主动积极地在实践中应用迁移研修所学。第1题，表明能力点评价标准对参训教师评估教学质量的指导作用。第2题，表明微能力认证研修支持的非正式学习方式得到大多数教师的认可。自主阅读、自觉反思、同伴互助等是参训教师自主研修行为的体现。第3、4题，验证的是参训教师"系统反思"和"持续优化"行为的持续性，"经常"强调总结反思和改进优化行为的频率高。能力点评价标准不仅是提交认证证据的依据，也可以作为在实践中科学有效评估教学质量、学习情况的依据。总结反思、改进优化不只是研修时的要求，已经在教师教育教学实践中成为常态。第5题，表明参训教师在自身能力素养得到提升后对周围同事关键行为优化的积极影响。

　　"微能力认证研修"对于教师关键性行为的优化起到了积极的推动作用。其一，支持教师自愿报名、自主选择能力点、自主选择研修方式、自定研修进度、主动提交证据申报认证，充分赋予教师研修的主动权，增强教师自愿自主优化关键行为提升素养的内驱力。其二，倡导"以评促学""做中学"，将研修过程与教师的工作实践紧密相连、有机融合。教师参考认证评价标准作自我评价反思，不断改进；在实践中提升解决具体问题的能力，促进实践应用；将研修成果转化迁移，推动关键行为的不断优化。

附："中小学教师课堂教学能力微认证"能力点和"幼儿园教师专业实践能力微认证"能力点

表 8-9　"中小学教师课堂教学能力微认证"能力点

维　　度	A 基础性能力	B 发展性能力
教学准备	A1 分析课标教材	B1 设计学习情景
	A2 开展学情分析	B2 设计表现任务
	A3 确定学习目标	B3 整合学习资源
	A4 设计学习过程	B4 设计学习支架
	A5 准备教学资源	
教学实施	A6 讲解学科知识	B5 组织小组学习
	A7 提问和回答	B6 支持展示交流
	A8 指导学习方法	
	A9 总结和提升	
教学评价	A10 设计评价工具	B7 设计学习评价
	A11 分析评价结果	B8 组织自评与互评
	A12 反思改进	B9 案例研究
	A13 观课评课	

表 8-10　"幼儿园教师专业实践能力微认证"能力点

维度	能力点	维度	能力点
音乐教育	A1 幼儿歌唱 A2 幼儿韵律 A3 幼儿打击乐演奏 A4 幼儿音乐欣赏	美术教育	B1 幼儿绘画 B2 美术欣赏 B3 手工制作
社会教育	C1 归属感 C2 亲社会行为 C3 人际交往 C4 社会认知 C5 自我意识	语言教育	D1 讲述活动 D2 谈话活动 D3 文学教育 D4 早期阅读活动

（续表）

维度	能力点	维度	能力点
健康教育	E1 安全和自我保护能力 E2 儿童器械（具）操控 E3 情绪管理能力 E4 身体控制与平衡能力 E5 身体移动能力 E6 生活自理能力	科学教育	F1 表达和交流 F2 猜想和计划 F3 感知和观察 F4 验证和记录
数学教育	G1 比较和测量 G2 集合和模式 G3 空间和几何 G4 数的概念与运算	心理健康与辅导	H1 基于"三维模式"的理论分析及应用 H2 幼儿常见心理问题的识别与干预 H3 幼儿心理健康评估方法的运用 H4 针对幼儿的心理辅导设计与实施 H5 幼儿游戏疗法的设计与实施 H6 适宜幼儿的行为主义疗法的运用
行为观察	I1 描述法的运用 I2 取样法的运用 I3 评定法的运用	幼儿园游戏	J1 幼儿游戏中重复性行为的辨识 J2 幼儿游戏中的发展意义分析 J3 幼儿游戏中适宜材料的提供 J4 在幼儿游戏中进行适宜的支持 J5 游戏后分享活动的组织 J6 规则游戏的玩法与规则介绍

（本案例提供者：程书丽　徐萍）

二、指向教师关键行为优化的项目研发与实施

国家"十三五"规划期间，静安区开展了"深化个性化"教育课题研究，取得成效。研究探索的氛围，推动着更深入地思考："十四五"期间如何进一步深化，如何发挥区域各方协作合力，推进教师专业发展，给予教师全方位强有力的支持和保障。精准把握教师发展特点、发展需要，孵化高效的培养项目，无疑是最佳途径之一。

"十四五"期间，静安教师发展系列专项行动、素养导向的"新题创生"专项行动、高中基于学科核心素养的学习活动设计与实施专项行动、"激活学生创造力·日常教学新样态"专项行动等，多个区域培养项目应运而生，它们关注教师关键行为的优化，直指教育发展的热点、难点问题，以多元组合的形式，共同推进着区域教育高质量发展。

项目一："十四五"期间，静安教师发展系列专项行动

为满足不同成长周期教师的多样化、个性化发展需求，优化教师关键行为，推进区域教师专业素养的提升，学院进修部"量身定制"了个性化培养项目——"十四五"期间，静安教师发展系列专项行动，力求区域教师个性化培养模式达到全覆盖，精准地为教师提供强有力的发展支持。

教龄2—5年职初期是教师专业发展快速提升的最佳时间段，也是教师坚定信念、夯实基础、养成习惯、站稳讲台的"黄金时期"。为期一年的见习教师规范化培训后，面向2—5年职初教师培养缺少系统性设计，一定程度上影响了教师发展的进程。鉴于此，学院进修部定向设计、研发了2—5年职初教师胜任力发展专项行动：教师自主规划学程，提供能力发展证据；学校对教师做好发展引导，开展基于校本的个性化培养，对教师发展情况进行指导性评价；区域完善制度建设，帮助教师找准专业发展方向，做好科学规划，建设相关资源，设计研发五大实践性任务作为教师专业发展的主要抓手。

　　教龄 5—15 年的教师群体约占区域教师总量的三分之一，他们是区域教师队伍的中坚力量，是未来教育发展的"中生代"。区域为他们定向设计、研发了个性化培养项目——"515"工程。一方面组织基地式研修，以区域正高级教师、特级教师、特级校长等名优教师领衔，本校或异校设点，与设点学校学科教研组形成合力，聚焦教育改革热点、难点问题开展实训活动；一方面组织自创式研修，由教师个体自行发起，组建有共同发展愿景、共同研究志趣的"学习共同体"；另一方面依托高校、教科院、师培中心等专业力量，分层分类开展"做中学"实践导向的"微能力认证""教育观点学术化表达"沙龙活动、PCK教学技能培训等。定期组织"星级研修组织"评选，形成长效推进机制。鼓励教师多元发展，建立开放的、灵活的骨干教师选拔机制，开展"教育教学能手""科研（研修）达人""星级研修组织"等评选活动，培育"千名骨干教师"，与百名区学科带头人形成有序衔接。这样，面向教龄 0—1 年的见习教师有规范化通识培训和基地学校专业培训，面向教龄 2—5 年的职初教师有胜任力培养项目和菁英教师培养项目，面向教龄 5—15 年的中生代教师有"515 工程"（包括基地式研修、自创式研修、微能力认证研修），面向教龄 15 年以上的教师有教育拔尖人才培养项目等。从新教师入职到成为高级教师，每个阶段都有相应的培训、培养项目，以及对应的申报评审流程、认证评优标准，分类施策，达成区域教师个性化培养模式的全覆盖。

　　静安区职初教师（2—5 年）胜任力发展项目于 2022 年 9

月启动，制定了《静安区职初教师（2—5 年）胜任力发展 TBL任务式学习手册（1.0 版）》作为工作指南。项目面向区域内所有 2—5 年职初教师，根据教师不同入职年限，规定完成胜任力发展任务的具体时限和任务量，并为各项任务设计相对应的实施评价参照表。五大实践性任务完成情况作为教师中级职务评定的必备条件，高质量完成五大实践性任务，可抵充区级学分（规定学分除外）。

"515 工程"之"基地式研修"于 2023 年 4 月启动，经过专家评审、方案论证、领衔教师答辩，最终组建了 24 个实训基地，尚处在运行初期。"自创团队式研修"于 2023 年 3 月启动，经过专家评审、方案论证，最终成立 140 多个研修工作坊，经过中期专家指导阶段进入结项指导阶段。"微能力认证研修"于2023 年 4 月启动，500 多位教师参与研修获得能力认证，新一轮研修在开展中。

（本项目资料提供者：进修部）

项目二：素养导向的"新题创生"专项行动

围绕"轻负担高质量"主题，区域先后开展一系列专项行动，以行动研究引导教学实践，对课程教学改革核心领域关键问题攻坚克难。素养导向的"新题创生"专项行动是区域围绕"轻负担高质量"主题，为营造良好教学生态、优化教师关键行为开展的又一个专项行动。

学院教研室结合区域调研反馈发现，日常教学中例题、习题和试题存在一定的"增值""增能"空间，教师对命题素养提升的需要较为突出。为此，区域聚焦"精准解读""合理创生""动态调适""系统反思""持续优化"等教师关键行为，开展了素养导向的"新题创生"专项行动，期望从作业优化到新题设计与改进的递进行动，助推教师关键行为的优化，推进教师命题素养的提升，从而助力于教师专业发展，促进学生成长。

　　素养导向的"新题创生"专项行动旨在从教学实践出发，遵循教育和人的发展规律，寻找和运用科学有效的方法，积极探索学生练习的策略与方式，提升教师专业素养，促进学生核心素养的提升。整个专项行动由两个关联行动有机组成："单元视角下作业优化行动"和"素养导向下新题设计与改进行动"。单元视角下作业优化行动意在鼓励教师基于课程标准，在对学情详细分析、精准把握的基础上，以单元为基本单位，根据"目标—内容—评价"一致性原则进行单元作业的选编、改编和创编，并系统思考作业设计、批改分析和讲评辅导等环节要素的相互支撑与良性循环，开展实践行动，汇编以校为本"单元作业"的样例示范。素养导向下新题设计与改进行动意在引导教师以落实课程核心素养的培养为导向，围绕分析、综合、评价等高阶思维的发生，通过类型、情景、任务、问题等创新，设计与改进题目，开展实践行动，汇编"素养导向新题设计与改进"样例示范。作业优化行动是基础，为新题设计与改进行动积淀课程理念、积累命题技能、积存教学经验；新题设计与改进行动则是作业优化行动的发展和自然结果，是素养视域下新类型、新情景、新任务和新问题的创编。两者有机组合，教师通过选编、改编和创编，掌握编制工具，提升命题技能，教研生成系列研修实录和教研课程，培育教师的教学反思素养；学生通过新题以及与之关联的教学，改变学习行为和方式，有利于其发展合作沟通、深度思考、理性判断和实践创新。

素养导向的"新题创生"专项行动于2022年1月启动，教育局、教育学院设立专门的项目组，负责具体项目的组织、指导与实施；教育学院教研室、科研室、进修部等部门在专门项目组的统一协调下，联合开展落实工作，在专项行动过程中适时推出相关的工具手册、实施样例，并及时将相关的典型经验加以总结和推介展示。计划：第一阶段（2022年1月—2023年6月）落实单元视角下作业优化行动，第二阶段（2023年6月—2024年9月）落实新题的设计与改进行动，第三阶段（2024年9月—2024年12月）总结提炼阶段。中小学在专门项目组指导下具体落实，对本单位教师的新题创生行动给予指导、支持与保障。

［本项目资料提供者：教研室（初中部）］

项目三：高中基于学科核心素养的学习活动设计与实施专项行动

历经"十一五""十二五""十三五"规划时期的教育部重点课题的区域推进、实施，实现静安区高中教育办学质量的高位均衡发展。进入"十四五"，面对课改深化要求，课堂教学仍然需要解决学科核心素养有效培养的问题，尤其需要开展有效发展、提升学生关键能力、必备品格和正确价值观的路径及方法的教学设计研究与课堂转型行动。

基于发展需要，区域在全区高中学段开展"基于学科核心素养的学习活动设计与实施的专项行动"，探索以发展学生学科核心素养为目标的学习活动方案设计研究与实施策略，介导教师教学性知识的丰厚、学习理念的深刻、教学实践技能的精湛，实现课堂教学的深度转型。力求达到：进一步强化教师对学科核心素养内涵和学习理念的深刻认识；提升教师基于发展学生学科核心素养的课堂学习活动（包括综合实践活动）的设计和实施能力；提高学科教研组、备课组等围绕学生学科核心素养发展和课堂真实学习活动发生的深度研修力。

2022 年 1 月，"基于学科核心素养的学习活动设计与实施专项行动"发布。8 月底 9 月初，进行项目工作开展的要点解析、专业指导。9 月中旬，进行早期研究、实施的交流讨论，其中艺术学科、生物学科分享了前期工作的思考与初步启动内容。9 月至 11 月完成区域学科项目解读和培训，并就学科开展"基于学科核心素养的学习活动设计与实施专项行动"的教材选择范围、关键单元内容、参与学校的整体布局，同时将相关设计反馈给学科教师。11 月底，教学校长与教研员专项培训，开展指导讲座：《从学习的本质和学生核心素养发展看学习活动设计的价值意义》《基于学科核心素养的学习活动设计与实施项目有效落实的深度教研计划的撰写要求解释》。2022 年 12 月 25 日至

2023 年 2 月 9 日之间，进行项目书和教研计划的收集及评审。2023 年 11 月至 2025 年 6 月计划出版"基于学科核心素养的学习活动设计与实施专项行动"项目成果——学科丛书。

[本项目资料提供者：教研室（高中部）]

项目四："激活学生创造力·日常教学新样态"专项行动

为进一步落实静安区"十四五"教育规划，深化教育综合改革的实施，推进区"十四五"教育部重点课题"激活学生创造力：发达城区教学深度改革的实践性循证研究"，区域聚焦"如何使全体学生创造力的培养落实在日常教学中"这一核心问题，在全区范围开展了"激活学生创造力·日常教学新样态"专项行动，以素养导向对课标进行梳理，以单元视角进行任务设计，以循证实践进行课堂探索。

专项行动聚焦创造力激活，基于常态化教学，以校本研修为基本途径，以专题研究为引领和支撑，注重多部门联合的集群实施，凸显过程节点与经验提炼，强化证据意识与循证改进。努力达到：使广大学校和教师积极参与到区域重大课题研究中，以国家课程为基础，以日常教学为主渠道，探索面向学生创造力激活的日常教学新样态，为有效落实新课标和培育学生核心素养创建特色载体；循证探索在日常教学中激活学生创造力的关键因素，提供区域范式和系统经验，为区域教学的生态优化和教师专业发展提供典型路径；生成融入日常教学的学生创造力激活的经验与成果，在行动推进过程中不断探索并完善实践性循证的有效形式和运行机制。

2023 年 6 月至 2025 年 1 月，"激活学生创造力·日常教学新样态"专项行动在全区开展。2023 年 11 月 2 日，线上线下相结合的形式开展静安区"激活学生创造力·日常教学新样态"专项行动推进会，明确"三学期四阶段"的具体任务（包括学校和区域层面主要任务）、行动进度，并印发会议材料指导具体工作，部分学校作为前期试点，先行撰写团队方案，专家指导改进，13 份案例作为区域学校计划、行动的参考范例。区域学校有序开展实践创新行动，专项行动进入第二学期第三阶段。

目前，各专项行动都在有计划地实施推进过程中，现仅以静安区职初教师（2—5 年）胜任力发展专项行动和高中基于学科核心素养的学习活动设计与实施专项行动的实施情况为例。

（本项目资料提供者：科研室）

案例一：01 静安区职初教师（2—5 年）胜任力发展专项行动实施情况

基于区域 2—5 年"菁英教师"培养项目前期实践积累的经验、对职初教师专业发展校本培训现状的实地调研访谈、促进教师胜任力发展的区域支持策略研究，静安区职初教师（2—5 年）胜任力发展专项行动于 2022 年 9 月正式启动。目前有近两千名教师参与培养项目"职初教师（2—5 年）胜任力发展专项行动"。该专项行动以 TBL（Tesk-Based Learning）任务式学习为手段，强化"做中学"发展理念，聚焦胜任力发展五大领域，设计以自主发展为导向的"实践性任务"，优化职初教师关键行为，促进教师专业成长。五项实践性任务中有两项直指教师关键行为的优化，具体实施情况如下：

一、树人育德力实践性任务

树人育德力是指教师牢固树立德育为先、育人为本的发展理念，将学生知识学习、能力发展与品德养成相结合，采取有效策略开展育德工作的能力。撰写育德实践案例是教师记录自己开展育德工作经历的一种方式，是对典型的教育事件的观察、记录和思考。其一，树人育德力实践性任务要求教师在前期查阅相关资料、积累育德案例，对学生的发展过程和状况进行个案分析。这一过程侧重于优化教师"精准解读"行为，引导教师关注学生的情绪、学习态度等身心状况及变化，精准了解学生的实际情况和切实需求，指导学生制定科学合理的成长计划；引导教师在工作中运用科学的教育理念，结合学生情况分析，选择有效的教育方法和策略应对育德实践中遇到的问题，达成一定的教育效果。其二，树人育德力实践性任务要求教师在撰写育德案例过程中，需要结合自己的教育行为进行反思；案例需要在团队层面进行分享，结合伙伴建议拟定改进计划。这一过程侧重于教师"系统反思"行为的优化。引导教师理性思考案例中事件反映的问题、教育方法的有效性、教师获得的启发等；关注学生的变化、进步情况，从中寻求教育规律；倾听伙伴的建议，分析、确定需要改进的行为，拟定改进计划。育德案例的撰写有助于教师精准了解学生的身心状况，深入反思自身的育德实践。实践性任务的实施有效促进教师育德工作方法的改进，优化关键行为，提升育德工作的专业水平。实施步骤如下：

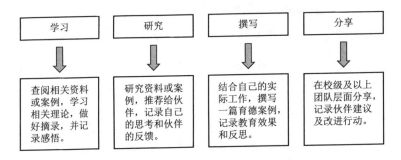

二、教学执行力实践性任务

教学执行力是指教师能深入钻研教材，把握课程标准，了解教材内容的前后联系，探索符合学生认知规律和学科特点的教学模式，做到融会贯通，合理开展学生学业述评，掌握PCK教学知识，科学制订教学实施方案，有效开展实践、反思、改进、再实践、再反思的教学实践活动的能力。教学执行力实践性任务的设计旨在指引、引导、促进教师在实践中主动优化关键行为，具体关键行为优化侧重如下：

表8-11　"教学执行力"内涵、任务要求及关键行为优化侧重

教学执行力内涵及任务要求	关键行为优化侧重
深入钻研教材，把握课程标准，了解教材内容的前后联系	敏锐研判
探索符合学生认知规律和学科特点的教学模式，做到融会贯通	精准解读
掌握PCK教学知识，科学制订教学实施方案，创设贴近生活、激发兴趣的情景，给予大多数学生成功体验	合理创生

（续表）

教学执行力内涵及任务要求	关键行为优化侧重
师生有效沟通，适当运用表达，积极促进对话对学生的反应有建设性的反馈	适切交互
设计有意义的课堂反馈训练或练习，采用多元评价，合理开展学生学业述评	动态调适
有效开展实践、反思、改进	系统反思
有效开展再实践、再反思	持续优化

　　教学反思是教师以自己的教学活动过程和课堂教学实践作为思考对象而进行全面、深入思考和总结，对自己在教学活动过程和课堂教学实践中作出的行动决策以及由此产生的结果进行审视和分析的过程。它是教师专业发展和自我成长的核心因素，是一个优秀教师在成长过程中不可缺少的重要环节，更是促进职初教师优化关键行为、快速成长的最有效的路径。因此，教学执行力实践性任务要求教师基于两次反思与改进的课堂教学实践，实施步骤如下：

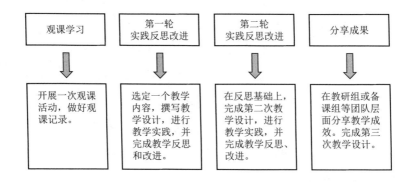

　　职初教师是教师队伍中的一支重要力量，教师个人是专业发展的主体，需调动自主发展的内驱力，把个人发展与学校发展相结合，科学制定个人职业发展规划，在规划的指导下有序成长。学校是青年教师成长发展的主阵地，需要根据职初教师胜任力发展整体部署，科学拟定职初教师校本培养方案，引导、督促教师高质量完成实践性驱动任务。区域完善顶层设计、制度设计，组织专业力量，建设有利于职初教师胜任力发展的课题库、案例库、问题库等，为教师开展自主研修提供载体。教师、学校、区域三方协同，全方位发力，关注教师关键行为优化，聚焦岗位认同力、树人育德力、教学执行力、学习研究力、协作沟通力五大方面的能力，加速教师专业成熟，推进区域更高水平的教育现代化发展。

（本案例提供者：程书丽　李含茹）

案例二： 02　静安区高中基于学科核心素养的学习活动设计与实施专项行动实施情况

　　静安区高中基于学科核心素养的学习活动设计与实施专项行动都在按计划分学科实施落实，已经历全面发动和专业培训、案例形成与优选、课堂实证与改进三个关键环节，十多个学科均形成一批具有典型意义的设计案例，并由此积累了有价值的实践经验。其中 2023 年年底《指向核心素养学习活动的设计与实施（高中艺术分册）》已定稿，现以高中艺术学科为例，分享通过"学习活动的设计与实施"优化教师关键行为，提升专业能力的具体情况。

学习活动的设计与实施一定程度上体现了教师对课程标准、教学基本要求、教材等要求的深入理解与把握，这正是目前教学实践中教师自身存在的不足。经历多年的教学实践，艺术学科教师对学生的了解与分析已能够有较好的认知与把握，缺少的是对新教材课程标准等要求的精准把握。如何在教学设计和实施中体现教材的设计思想和编写意图，需要教师精准解读课标、解读教材，根据课标的核心素养，确定教学目标，确保是素养导向的教学设计与实施。鉴于此，高中艺术学科教研员结合这一情况，侧重于"发现"模块的"精准解读"和"设计"模块的"合理创生"，带领区域高中艺术学科教师围绕"学习活动的设计与实施"开展实践研究。经历两年半的时间，在教学实践过程中，一边教学，一边设计实施，不断对设计优化完善。教师精心设计，经过专家审核，通过实践印证，确保用规范的符合新课标要求的表述和语言撰写设计实施案例，形成完整的活动设计。在案例中同时体现"设计"和"实施"两方面的指导作用，提供给教师一个核心资源框架、课程模块。对于教学实施中的困难、关键步骤、活动评价、活动标准等有明确的实施范例，并在一些关键环节中预设多种可能性，给予相应的应对方法、策略。

作为教学指导性手册，设置了活动、作业、单元综合活动三类。其中，"活动"主要是指以"课"的整体教学目标或部分教学目标、学习要求为目标的学习活动，是为学生提供各种艺术学习的经历。"作业"主要是指以"课"的整体教学目标或目标的分解为目标的学习活动，这类活动可以作为课堂教学、练习巩固、应用实践、学习评价等功能使用。"单元综合活动"主要是指以"单元"整体教学目标、学习要求为目标的学习活动，这类活动不仅为学生提供自主性的艺术学习经历，也包含课堂教学、练习巩固、应用实践、学习评价等功能。每一类活动又都分别具体说明了一般需要包含几项学习任务，每项任务又有几个重要步骤，并且包含相应的评价标准。

　　每个活动设计案例分别从"活动设计"和"设计说明"两方面展开叙述。活动设计部分包含：名称、目标、内容、步骤与要求、评价形式、评价标准、属性表等内容。这部分试图清晰地表述学生将要做一件什么事的具体内容，怎么做这件事情的具体步骤，要把这件事情做成什么样的评价标准。这些内容要素充分体现学习活动设计是如何基于标准、素养导向、创设情境、问题解决等新课程基本理念的。设计说明部分包含：活动目的、重点解析和实施要点等内容。设计说明部分是从学习活动实施的角度，说明设计思想和关键性的操作方法和要求。这部分内容强调学习活动涉及的课程与活动内容重点的分析和解说，学习活动具体实施过程中常见的问题、困难及其解决的办法，是实践智慧的体现。

　　这些学习活动设计案例具有两个基本特征：第一，学习活动的设计是基于标准、素养导向，从学科学习的整体性和关联性出发，以单元的视域，创设一定的情境，或者根据需要解决的实际问题，深度融合信息技术与学科教学，激发学生的学习自主性，引导学生运用多种方法和手段，完成一个较为复杂的学习任务。"教、学、评"整体同步设计，支持"教、学、评"的高度一致性。第二，对于学习活动实施中的关键步骤、操作难点、学生容易产生的错误，执教撰写的教师结合自己的实践经验，提出了有效的建议。

两年半的时间，区域每一位艺术学科教师参与专项行动中，几乎每位都参与了至少一篇指向核心素养的学习活动设计与实施的撰写，经历一轮一整套的综合性、实践性、科学性学习活动的设计与实施，教研员亲临现场观察、定向指导，教师的关键行为在这一过程中得到不同程度的磨炼和强化。

（本案例提供者：杨威）

"十四五"期间，静安教师发展系列专项行动、素养导向的"新题创生"专项行动、高中基于学科核心素养的学习活动设计与实施专项行动、"激活学生创造力·日常教学新样态"专项行动，等等，多个区域培养项目都直指教育发展的热点、难点问题，关注区域教师专业素养提升，不断在实践中探索促进区域教师关键行为优化和学生创造力激发的有效路径、策略，从区域教师培养项目到深入课堂教学的实践研究项目，再到校本化日常教育教学循证优化项目，从理念到行动，从理论到实践，从实践研究到循证优化，有机组合成一整套从教师个体到教师群体到区域学校教师整体的教育综合改革的专项行动，推进着区域教育高质量的发展和教育综合实力整体水平的提升。

三、教师关键行为优化的指南研制

教师关键行为优化的指南研制是本课题的重要内容和推进载体，是地区教育机构促进教师队伍整体优化的新使命，为促进教师专业能力整体提升提供具体指向和操作指南。指南研制意在方便广大学校和教师对教师关键行为优化研究成果的实践转化，明晰该做什么、怎么做，切实带动教师投入优化关键行为的热情和行动。

（一）指南研制的基本定位与研制原则

1. 基本定位

（1）强化指导性。《中共中央　国务院关于全面深化新时代教师队伍建设改革的意见》中明确提到："全面提高中小学教师质量，建设一支高素质专业化的教师队伍"。高素质教师队伍建设的前提是提升教师教学的专业性。八种教师关键行为的提出、凝练、解读，有助于为教师的专业优化提供方向性和操作性指导。

（2）突出操作性。报告呈现了"发现""设计""实施""改进"等各模块内关键行为优化中遇到的典型问题，为便于理解，再附以详细的样例解析、具体的操作要则，可视、可操作。

（3）强调一致性。教师关键行为的前期探索、现状调研、行动探索、支持保障等各板块之间彼此关联、逻辑递进，需从整体理解、把控。

2. 基本原则

（1）坚持理论与实践的结合：一方面要体现对教育教学理念、策略方法等概括性的理性思考；另一方面要体现针对性、实践性、可行性，在研制和材料选用过程中，充分考虑学校的教学现状，强化操作举措的描述和典型样例的呈现，把握方向性、指导性、操作性。

（2）坚持问题和需求的结合：一方面要了解不同学段、不同发展期教龄、不同学科教师在教学过程中普遍存在的实际问题，锁定问题，有侧重地优化关键行为；另一方面要了解不同教师在特定时期的特定需求，有的放矢。

（3）坚持常态推进与展示交流的结合：一方面将课堂、日常教研作为关键行为优化的主要阵地，在教学实战、案例解读、专题研讨中改善、优化相关行为；另一方面注重经验的反思、梳理、总结，凝聚集体智慧，形成有形成果，编辑成册，作为区域教学研究和重大课题实施的重要成果，以便展示交流与推广辐射。

（4）坚持点与面的结合：由点到面、循序渐进，先期由核心团队进行攻关研发，以部分学科作为试点学科先行探索，然后逐渐扩大试点范围，进一步优化完善和加大研发力度，最终争取在全学科、全学段、全区铺开。

（二）指南研制的基本架构与要点说明

整体分为四个部分，第一部分为前言介绍与目标，包括两方面内容：一是介绍作为地区教育研训机构推进教师关键行为优化的主要背景与研究价值；二是简述通过研究与实践所要达成的目标。第二部分是概念解读与实践探索，包括两方面内容：一是教师关键行为内涵及表现特征；二是教师关键行为优化的实践探索。第三部分为典型样例与评析，凸显实践操作与应用解读，具体包括样例择取与评析两方面。第四部分为使用建议与提示，包括两方面内容，一是使用建议，从学校和教师两个维度分别提出建议；二是实施提示，提出教师在学习、领会、优化关键行为过程中的注意事项。

以下为指南的结构体例及有关说明：

第一部分　导言介绍与目标

一、背景价值

侧重于从促进教育改革、培育学生核心素养、促进新时代教师专业发展、地区教育研训机构的使命等角度展开叙述。

二、主要目标

根据课题研究要达成的明晰教师关键行为的基本要素与具体表征、确定教师关键行为优化的区域性路径与策略、形成教师关键行为优化的支持要则和保障机制等目标，结合学科实际、教师实际，提出研究成果转化为教学实践在促进教师专业发展上的主要目标。

第二部分　概念解读与实践探索

一、内涵表征

侧重从促进教师队伍整体专业发展的视角对教师关键行为

的概念进行把握与诠释，并就每个下位概念进行展开阐述，教师可对照核心概念界定内容（详见研究报告"第三章 教师关键行为的解读与把握"），改善自身行为。主要包含以下内容：

1. 对教师关键行为的基本认识，含核心概念、内涵诠释等。

2. 对教师关键行为基本特征的提炼。

3. 不同学段、不同发展期、不同学科教师关键行为的具体表现。

二、实践探索

梳理、归纳指向教师关键行为优化的教学设计与实施的关键要点、策略方法等，形成操作要则，尊重并关照不同学校及教师之间的差异，体现对学校和教师行动的指导性。教师可在此基础上进行行为优化，把握方向和要点，逐渐形成自己的典型样例、优化原则。相关要点如下（详见研究报告"第四章—第七章"）：

1. 基于前期对教师关键行为现状的调研现状与分析以及教师实践经验，锁定教师关键行为优化中的典型问题。

2. 深度分析典型问题，提出改善、解决问题的操作要则。

3. 基于对不同学段、不同发展期、不同学科的教师特征与行为差异的了解，针对性应对其在关键行为上的表现提出相适应的针对性要求和指示。

4. 重视学校学科教研活动对教师关键行为优化的促进、指导、修正等作用。

5. 多途径实践尝试，含课堂教学、专题研讨、反思记录、案例解析等。

6. 教师关键行为优化过程中的关键点、操作点、注意点，明确需要关照的保障、资源等支持性问题。

第三部分　典型样例与评析

一、样例择取

回应教师关键行为优化中的典型问题，针对八个关键行为中的不同问题解析教学实例，实例的选取关照学科领域、内容等方面的覆盖面和代表性，对实例所体现的关键点、操作点、优化点等各方面加以说明。

样例的类型有教学设计与分析、活动设计与分析、作业设计与分析、学生个案、教研感悟等；样例的要素可从问题提出与情景再现、目标与关键能力指向、原因分析、优化策略与路径、基本成效等几个方面着手，讲清楚做了什么、怎么做的、为什么这么做。具体呈现样式上，可以是教学、作业、育人等方面的方案、案例、故事、评论等，需回应相关关键行为。

二、样例评析

要对样例实施过程进行描述，客观呈现实际的应用与检验、迭代改进等情况，并就实施后的达成度进行分析，提出以后可以完善的地方。样例可以是学科教学案例、活动案例、育人案例、育人故事，也可以是教研感悟等。主要评析要点如下：

1. 对教学对象的学段、年级等有关信息进行描述；

2. 及时总结阶段性效果，包括显性效果、隐性效果、暂时不确定的效果等，及时做好记录，作为进一步教育行动的着重关注点；强化证据意识，加强多元证据的支撑，为后续行为的持续优化提供更有价值的参考和助推。

3. 对实施过程中的新发现、优点、不足之处等进行评点，并进一步思考改进方向。

第四部分　使用建议与提示

一、使用建议

1. 学校层面，强调学校全员推进、探索校本化支持保障、形成体系化实施路径、形成显性成果。

（1）做好统筹规划，充分发挥专家、教研员、教研组的引领性与学校、教师的自主性，提高对教师关键行为优化的重视程度和实践度，形成区、校协调一致的育人合力。

（2）组织与指导教师知晓并理解教师关键行为的基本内涵。

（3）协助教师及时发现教师关键行为优化过程中常见的、典型的问题。

（4）充分利用好各学科教研活动机会研讨与实践。

（5）搭建其他基于教师关键行为优化的专业研讨机会、经验展示平台等。

（6）形成以优化教学行为提升教育实效的资源包，含经验文集、案例解析等。

（7）尝试立足学校实际研发本校教师关键行为优化指导手册。

（8）形成常态推进本校教师关键行为优化的支持机制。

（9）在全校范围内营建重视和自觉优化教师关键行为的积极氛围。

2. 教师层面，强调自主学习、扎实实践、及时反思、沉淀成果。

（1）能够知晓并理解教师关键行为的基本内涵。

（2）能够自察在若干关键行为中的优势与不足。

（3）能够形成优化关键行为的好经验、好做法。

（4）能够形成通过优化教学行为提升教学实效的相关样例。

（5）能够在关键行为优化与阶段性教育实效提升的进阶循环中形成常态优化关键行为的行动自觉。

二、实施提示

教师关键行为的内涵研究与优化研究是课题研究的两大重点。内涵研究是基础也是要点，研究成果对八个关键行为作了详细阐述；优化研究是内涵得以物化的必经之路，研究成果中有对每种关键行为常见问题的诊断分析与操作要则的详细阐述。学习和领会教师关键行为的内涵、优化的操作要则，以及基于此的实践落实上，需知晓以下事宜：

（1）优化教师关键行为旨在提升教师的教育教学水平，提升育人实效。

（2）不同关键行为之间既相对独立又紧密联系、相互促进，任何一种行为的优化都会助推另一种或几种行为的改善。其中，"敏锐研判""精准解读"是保障其他行为顺利实施和优化的基础、是基石。

（3）不同关键行为的优化策略、途径存在一致性或相似性，也存在差异性；同一策略或路径可能会同时促进若干行为的同步优化，学校、教师可根据实际情况选择、整合多种优化策略、途径。

（4）不同学校、不同发展阶段、不同学段的教师在关键行为的表现上会有差异，需要以实际情况为准，对关键行为优化的途径、操作要则等作适切调整。

（5）不同教师可能会有自己的优势行为领域，育人效果的提升需要各关键行为间的密切配合与灵活提取，建议既要保持优势行为，也要及时补位亟待改善的行为。

（三）指南研制的基本流程与支持保障

1. 基本流程

为能更好地推进这项研究，分为以下四个步骤：

（1）探索和攻关：围绕课题主要研究成果，进行专家咨询，成立专门推进小组，形成指南的基本框架和要点说明，为指南全面研制做好前期准备。

（2）研读和培训：教研员及有关团队，结合本学科特点及教师实际，创设机会，联动学校领导，做好核心概念、思想的解读与培训工作，试点校形成不同关键行为优化的实践样例，借助培训同步共享；对指南第二部分进行理性思考和系统概述，形成指南的顶层架构。

（3）推广和改进：搭建平台，推广试点较好的做法、经验，加大覆盖面，边改进、边推广；教育学院相关部门给予过程性指导，形成优化教师关键行为的更多具体案例，注重案例分析与评注，形成指南的第三部分。

（4）提炼和统编：面向全区征集学校实践案例，进行优秀案例评选，在此基础上完善指南的各个部分，对优秀案例进行统编，在全区进一步推广辐射。

2. 支持保障

（1）加强组织领导。区教育学院与学校进行合作研究，整体推进，加强对教师关键行为优化的指导和支持。学校成立相应组织网络，确定负责人，分工具体落实，把教师关键行为优化作为学校教师队伍建设和育人工作的重要举措，合力推进实施。

（2）加强队伍建设。重视先行先试者的示范、引领价值，在学校内推广经验，将教师关键行为优化作为带动全体教师专业提升的重要引擎，进而提升育人实效。

（3）加强科学研究。借助教研活动等，组织教师学习、交流对教师关键行为及对优化策略、路径的看法、做法，选取科学、规范、有效的示范样例在全校甚至更大范围内共享，带领更多教师提升科研意识、科研思维，有能力、有热情投入研究与实践。

（4）加强专业支撑。发挥专业团队的引领作用，如教育学院业务部门主要承担教师关键行为的研究、指导和培训工作，加强教育实践与研究，促进内涵发展；加强资源建设，用好的做法、样例等构建和充实资源库；加大宣传与推进工作，建设良好的成长环境和支持平台。

（5）加强展示共享。区校创设机会、搭建平台，让好的经验、好的做法充分流动、共享，让研究、实践在优秀与优秀的同频共振中更加深入，实现教师关键行为的持续优化。

四、教师关键行为优化的平台建设

优化教师关键行为首先要精准把控这些行为以及行为的变化，以便在横向与纵向比较中了解和预判相关行为的现状与问题，及时反思改进。教研员的经验积累固然重要，但面对庞大的教师队伍，也难以全面、客观、及时地对每位教师的教育教学行为进行跟进和针对性指导。大数据的记录与跟踪一定程度上可以弥补这一不足，为区域教师队伍发展带来更为全面、客观、细致的信息，在多重信息的收集、比较、分析、澄清中获得更有价值的信息，切实促进教师关键行为的优化。可以说，大数据是及时跟进和优化关键行为的重要保障和支持，也是静安教育追求高质量教师过程中的重要保障和手段。

图 8-3　"静安数智教研工作平台"首页

（一）平台建设的意义

1. 响应国家战略与上海教育数字化转型的需要

教研平台数字化转型是响应国家战略和上海教育数字化转型的重要举措。在当前数字化浪潮下，数字化转型已经成为各个行业的必然趋势，教育领域亦不例外。教研平台作为教育领域的重要组成部分，其数字化转型不仅有助于提升教学质量和效率，更能推动整个教育系统的现代化和智能化。

教研平台数字化转型对于上海教育的长远发展具有重要意义。随着新技术的不断涌现和应用，数字化教育将成为未来教育的重要发展方向。教研平台数字化转型将为上海教育的未来发展奠定坚实的基础，推动上海教育在全球教育竞争中保持领先地位。

2. 满足国家高质量教育体系建设要求

教研平台数字化转型有助于实现教学、教研、管理数据的打通，为高质量教育体系的建设奠定基础。在数字化转型的过程中，教研平台可以整合各类教学资源，实现教研数据的实时采集、分析和应用，从而为教研工作提供更加精准的教学支持和指导，推动教育质量的持续提升。

3. 在新教材新课标落地背景下，有效提高工作效率和效能

教研平台的建设有助于应对新教材新课标的落地挑战。在新旧教材交替的背景下，教研平台能够为教师提供丰富的教学资源和备课支持，提高教学效率，确保新教材的有效实施。

（二）平台建设的目标

基于上述意义，这里拟以教研工作核心场景为抓手，通过数字化、智能化、场景化融合建设，建立"数智教研工作平台"，实现"数智教研"的流程再造、搭建区域教研管理与服务的内部生态共研体系，及时跟进与优化教师关键行为，高效激发区域教育研究的活力。

通过平台的搭建，用数字化的平台、模板与工具全面提升教研员组织参与教研活动的质量、增进教研员对本学科教师关键行为的把控、跟进与指导，进而带动区域教育教学和教研的专业与可持续发展。

通过"数智教研工作平台"的常态应用，有效服务于区域各学科教研员组织参与教研活动的数字化过程性管理、品控和

优质教育教学资源留存，并使本项目的成果能发展成为区域教育教学专用的教研推进工具，成为静安高质量教育成果取得的重要保障工具。

（三）平台建设的内容

"数智教研工作平台"通过伴随式记录、无痕采集全区各教研活动管理与过程数据，借助人工智能（AI）、大数据、智能评测等技术对数据进行转译、梳理、归类和分析，形成"问题池"和"经验池"，帮助管理者、各科教研员聚焦教师关键行为优化中的关键问题，传播优秀经验，共享优质资源，提高区域整体精准服务本区学校的能力。

平台的研发与实施主要服务区域教育管理者、教研员和学科教师。平台为教育管理者提供更好的关于本区域教研活动、公开课、资源服务情况、项目课题情况等的整体情况浏览的途径。此外，平台还为教研员和学科教师提供教研活动观察记录、管理、深度参与、交流、讨论、记录、反思总结的数字化工具，也是教师学习和掌握教学规准、教研活动组织开展规范的集中在线场所。

平台主要搭建以下两种场景：

1. 搭建区域教研服务工作数字化管理场景

优化教师关键行为的第一步是了解教师关键行为现状。对现状的了解离不开对教师的教学活动、专题研讨、教研活动、教育感悟等实实在在行动的记录与分析。以教研活动为例，平台帮助教研员和学科教师对教研活动进行记录，提供数字化工具对教研活动各项环节数据进行观察、取证、反馈、交流、评价、指导等，同时让教育管理者了解区域教学活动开展情况，帮助教育管理者、教研员更好地规划、管理和服务教师队伍，促进教师之间的交流和合作，进而优化区域整体的教学质量和学生发展。

2. 搭建区域教研活动规划、执行与管理数字化平台场景

帮助教研员和学科教师针对常见的教研活动场景设立数字化的活动模板、活动环节、活动数据采集工具，有效规范各学科教研活动的过程性管理，用规范和标准流程提升区域教研活动的目标选择有效性、活动组织有效性与活动实施的整体高质量，并帮助各学科构建数字化教研共同体，为优化教师相应关键行为提供充分保障与支撑，促进教研信息交流和资源的全区域共享与流动。

（四）平台建设的过程

1. 研发"数智教研工作平台"1.0 版本

每学期开学，教研员都要递交一份教研计划任务书，对整个学期的教研工作进行规划。如何确定任务书中的"教研主题"就成为教研员首先要考虑的问题。

以往教研主题多来自教研员的经验和判断、上级部门布置的一些工作或者教育前沿的研究。但是"单靠教研员的经验判断是否能完全了解教师的实际问题，满足教师的实际需要，真正服务教师关键行为的优化与专业发展呢？"还需要有记录、收集教师的教学行为与问题的数据作为支撑，将数据转化为证据，分析问题的根源，这样才能形成更有针对性的教研主题。

那么，该如何收集教师教学行为的数据？教师的"教"和学生的"学"有教学三个助手平台，即备课平台、教学助手和作业辅导助手，教研员也需要一个"教研助手"平台，为此，学院开发了"静安数智教研工作平台"。平台建设受市教研室基于规准的课程与教学调研确定的课堂观察、作业观察和研修观察三个观察工具的启发。而后，根据总课题中的八个关键行为设立了每个活动的观察点与评价点。

"数智教研工作平台"1.0 版本由此诞生。

2. 研发"数智教研工作平台"2.0 版本

平台的建设让原先手写的课堂观察记录模式转化为数字模式并且增加了图片、视频、音频等记录教学过程，使用自动计时功能将每个教学环节所用的时间同步记录下来，对教学过程进行描述与评价，有效回应八大关键行为。

使用一段时间后发现，教师打字速度跟不上，影响到课堂观察的记录进度。为此，2.0 版本应运而生。这一版增加了语音识别，以便做到伴随式观察记录。

语音识别大大减轻了教研员的文字输入工作，使大家能够有更多精力关注课堂教学的及时诊断、评价以及支撑评价证据的记录，把教研员的"研"充分发挥出来。以初中科学课"食物的消化"为例，通过语音识别转化为文字，科学课教研员只要关注教师教学过程中的问题并将其记录下来，以方便他们与学科教师进行课后的复盘与交流。这些记录显示教师教学过程有较为显著的进步。

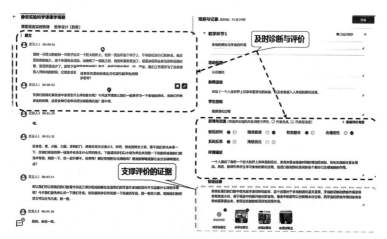

图 8-4　科学课"食物的消化"教学观察页面（摘自"数智教研工作平台"）

3. 研发"数智教研工作平台"3.0 版本

与此同时，我们也察觉到了该版本的不足。如果说 1.0、2.0 版本都是教研员与课堂观察记录之间的对话、教研员与学科教师之间的对话，本研究希望能够有教师与教师的对话，为此，对系统进行了升级，研发了 3.0 版本，以便将教学设计与教学实施进行分析对比。

当教师上传教学设计后，大数据平台可以将教师的教学设计中的关键词、关键活动、教学流程进行识别，再通过录音和语音识别教学实施时的关键词、关键活动、教学流程的对比，就能够帮助教师将教学中的预设与生成进行对比，更便捷地找出差异点并分析其背后的原因。AI还能自动提炼教研员指导的语音要点并与教师之后的教学过程进行对比，关注指导是否最终落实。通过这个功能就做到教师与教师对话，精进了教研员与教师的对话。

　　静安数智教研工作平台已在部分学科进行试点，历经数月的试用，收集到一些数据，这些数据与最初设想不同，表8-12是一张教师每节课后都要填写的课堂教学评价表，是对"食物的消化"一课的评价。数据显示教师对教学目标的把握、学生课堂参与度以及教师的本体知识素养整体较好，这源于教师对课标以及教学基本要求的学习、教师学历的提高以及教师在很大程度上把课堂还给学生，但是在内容组织的严谨程度、中心环节揭示本质的程度以及情境问题启发思维等方面还存在一定的问题。表8-13是对教师关键行为的评价，两表对比反映的教师教学情况相一致，从中可以看到区域内教师对教材、课标、学生的解读与研判问题不多，但在此基础上，创造性地生成最优化方案以及用合适的工具对自己教学行为进行系统反思并找出问题、明确改进方向上需要改进的地方。随着课堂观察数据的增加，会有越来越多课堂教学的问题和亮点，对诸多问题和亮点的持续记录与积累会汇聚成"问题池"和"经验池"。通过对相关数据的收集、整理、分析，会更精准地找到各学科教学的问题和经验，更有针对性地巩固、优化相关行为，提高教师教育教学的专业化水平。

表 8-12　"食物的消化"课堂观察数据

标签分类	标签名称	亮点频次	需改进频次
目标内容	目标制定符合课标的程度	35	2
	目标制定契合学生的程度	33	2
	内容组织突出重点的程度	27	8
	内容组织严谨正确的程度	16	18
过程方法	方法手段关联目标的程度	29	7
	要求把握针对实际的程度	25	9
	流程环节自然有序的程度	24	9
	中心环节揭示本质的程度	16	15
活动效果	学生参与学习活动的程度	30	7
	学习活动目标实现的程度	26	10
	情景问题启发思维的程度	20	13
	学科关键能力发展的程度	16	15
素养表现	本体知识掌握运用的程度	31	5
	数字技术有效运用的程度	29	4
	语言表达生动准确的程度	27	8
	活动过程控制有度的程度	24	10
		408	142

表 8-13　教师关键行为课堂观察数据

标签名称	亮点频次	需改进频次
敏锐研判	33	8
精准解读	38	8
有效整合	27	9
合理创生	16	19
适切交互	43	7
动态调适	12	11
系统反思	6	17
持续优化	12	12

图 8-5　经验池与问题池（列举部分内容）

　　此外，平台还能够通过记录教研员对不同学校教师的指导轨迹，提示不同学校的关注频次，以尽可能对更多学校的、不同教师的关键行为优化进行跟进、指导与服务。

　　教研工作最重要的是探讨和解决与教学有关的所有问题，这些问题包括学生学习过程中的问题和教师教学过程中的问题，问题来源需要数据的支撑，学生学习过程中产生问题的数据来源于"三个助手平台"，教师教学过程中的问题记录数据来源于"数智教研工作平台"，当把这些数据汇聚之后，教研员就可以去分析、探讨、解决数据背后的问题，就会形成一个又一个更有针对性的教研主题，推动教师关键行为优化，同步促进静安区教学的不断进步。

第九章
教师关键行为优化的成效与展望

一、教师关键行为优化的成效

为验证教师关键行为模型是否成立，以及了解本区教师关键行为在实施干预措施之后的效果如何，编制了《教师关键行为调查问卷》。经过一系列测量学程序，编制了具有较高信度和效度的教师调查问卷。然后，在静安区的 22 所中小学进行抽样调查，获得教师关键行为提升的基本状况和差异情况。

研究发现，中小学教师的关键行为提升度总体处于较高水平，但还有一定的提升空间。实施—适切交互（3.87）、实施—动态调适（3.85）、改进—系统反思（3.83）提高最多；设计—有效整合（3.67）、发现—精准解读（3.77）、发现—敏锐研判（3.77）提高最少。不同学段、不同教龄、不同职称在多个维度上存在显著或非常显著差异。

　　在调查研究的基础上，从不同层面提出了以下建议：教师个人方面，持续自我反思与成长、积极参与专业发展活动、加强技术运用与创新；业务机构方面，强化攻关研究、提供专业支持、构建交流平台；教育行政方面，提供政策引导、评价体系优化、差异化支持策略等对策建议。

　　本章从教师关键行为调查问卷的编制、教师关键行为提升情况的问卷分析两个方面展开。其中，关键行为调查问卷的编制包括调查工具的编制与工具的测量学指标汇报；教师关键行为优化的问卷分析包括调查基本概况及总体状况的分析、调查具体状况和差异的分析、调查结果的分析与讨论、结论和建议。

（一）调查问卷的编制

　　教师关键行为调查包括两方面，一是编制调查工具，二是开展调查并报告工具的测量学指标。

1. 调查工具的编制

　　本次调查问卷的编制经过文献梳理、框架拟定、问题编写三个阶段。

　　（1）文献梳理

　　问卷的编制参考了教育部关于印发《幼儿园教师专业标准（试行）》《小学教师专业标准（试行）》《中学教师专业标准（试行）》的通知（教师〔2012〕1号）、丹尼尔森的教学框架

（2013 版 ①、2022 版 ②）、上海师范大学教育学科编制的《全国教师专业成长问卷调查》、静安区个性化教育测评框架及题目。

（2）框架拟定

在明确教师关键行为的内涵和框架时，既要参考已有的文献，也要着眼于面向未来的学生的关键能力应该是什么，进而研究培养这些能力需要的教师关键行为，充分考虑上海市和本区的实际情况。另外，关注面向 21 世纪的教师还缺乏哪些能力。在充分考虑上述三个方面的基础上，课题组经过了多轮的专家咨询、组内研讨、调研，最终确定了教师关键行为框架。

通过文献学习与深入讨论，框架设计中突出两个原则：一是关注指标可测性；二是关注关键敏感指标。

（3）问题编写

确定框架后，基于访谈、现场考察，在参考有关问卷的同时，围绕教师关键能力的 4 个模块、8 个关键行为、16 个观测点编写相应的题目。我们依据以下策略进行编题：①使用标志词；②尽量用具体事实，不用抽象的概念；③尽量指向所有教

---

① Danielson Group.（2013）. Download the 2013 Framework for Teaching ［EB/OL］.（2020-9-23）［2021-1-27］. https://www.nysed.gov/sites/default/files/danielson-teacher-rubric.pdf.

② Danielson Group.（2022）. Download the 2022 Framework for Teaching ［EB/OL］.（2023-2-23）［2023-4-15］. https://danielsongroup.org/download-the-framework/.

师都有可能参加的活动。经过逐题分析和不断讨论修改，形成最终的问卷题项。

在编写题项时，主要遵循以下编写原则：问题要与调查目标直接相关；问题表述要清晰明了、通俗易懂；问题表述要精炼简短；防止使用导向性的问题；回答问题无需回忆太久；回答问题无需计算；问题中不包含双重问题；问题不带有任何倾向性；敏感问题不过于直白；选择题中，选项内容维度单一。

在题目编写的过程中，即使有参考性的资料，也结合实际进行较大幅度的修改，其中有的题目经过多轮的修改。项目组有时为几个题目反复研讨，付出了大量的时间与精力。以下结合一些题目的编写与修改的过程简要说明。

例1 "准确把握课程标准的要求"，改为 "把握课程标准的要求（内容要求、学业要求、教学提示）"，原因是遵循 "问题表述清晰明了" 的命题原则。

例2 "结合教材分析、教学研究来学习有关的本体性知识"，改为 "根据教学要求和学生情况，分析梳理有关数字化资源"，原因是遵循 "问题要与调查目标直接相关"，调查目标更为关注教师的数字素养、数据素养、AI 教育素养。

2. 调查工具的测量学分析

（1）项目分析

项目分析是工具编制中第一个与数据分析产生关联的工作，其主要目的是确认问题的可用程度，删除不良试题。项目分析需要求出问卷的决断值——CR 值，CR 值又称临界比，临界比是以总分区分出高低分组，再求出每个题目的平均差异显著性，将未达显著题目删除。接着求出问卷各题项与问卷总分的积差相关系数，积差相关系数越高，表示该问卷题项在测量某一态度或行为特质上，与问卷其他题项所要测量的态度或行为特质上越趋向一致，在积差相关系数的要求上，通常要达到统计显著水平且相关系数最好在 0.40 以上[①]。根据这些标准，对所有问卷进行项目分析，没有删除任何题目。

（2）验证性因素分析

在对各分问卷进行探索性因素分析后，使用软件 Mplus 8 进一步对问卷进行验证性因素分析。

验证性因素分析被广泛应用于检验测量工具在多大程度上能代表构念。构念是潜变量而非观察变量。由于潜变量无法直接测量，需要通过理论研究利用观察变量进行测量。即使测量工具引用自较高信效度的已有工具，也需要进行验证性因素分析以重新评估其信效度。这其中的原因很多，如测量工具一般不能适用于所有情形，跨文化情境的差异，翻译过程中原文意义没有完全传达，测量的时间不同等。本研究用到的测量工具

---

① 吴明隆：《问卷统计分析——实务 SPSS 操作与应用》，重庆大学出版社 2009 年版，第 181 页。

原创性程度较高，更应当进行验证性因素分析。

在验证性因素分析中，一般报告模型的整体适配度评估和测量模型的评估。

模型的整体适配度指标是否达到标准通常可以从 TLI、CFI、RMSEA、SRMR 几个指标来判断，本研究接受以下建议值为拟合指标可接受的标准：

RMSEA＜0.1；

TLI＞0.9；

CFI＞0.9；

SRMR＜0.05；

但是，在结构方程模型应用于实际情况时常会出现某种程度的模糊性，这意味着某些指标准则会指向接受模型，而其他指标准则会出现模棱两可的情形，甚至可能出现拒绝模型的相反结果。本书的一些测量模型也不例外。

对含有 15 个因子（f1—f15）一阶因子全相关模型的验证性因素分析发现，各因子之间呈中度以上的相关，再进行二阶因子模型的验证性因素分析，目标系数（一阶因子全相关卡方值 / 二阶模型卡方值）大于 0.8，表示二阶模型非常具有代表性。再进行三阶因子模型的验证性因素分析，目标系数大于 0.8，表示三阶模型非常具有代表性。

模型的收敛效度常通过平均方差萃取 AVE 值和组合信度

CR 值进行判断。AVE＞0.5，CR＞0.7 则模型具有足够的收敛效度。

① 模型的拟合度

教师关键行为一阶 15 因子全相关模型（原假设 16 个因子为 16 个观测点，其中两个因子高度相关导致模型拟合度不理想，改为 15 因子两两相关的一阶 15 因子全相关模型）、二阶 8 因子模型（8 个因子为 8 个关键行为，每个关键行为有 2 个观测点）、三阶 4 因子模型（三阶因子为 4 个模块，结构模型见表 9-1）。三阶 4 因子模型的结构见图 9-1。

表 9-1　教师关键行为一阶 15 因子全相关模型、二阶 8 因子模型、三阶 4 因子模型的拟合度

		χ^2	df	χ^2/df	RMSEA	CFI	TLI	SRMR
	判断标准	—	—		＜0.08	＞0.9	＞0.9	＜0.05
一阶 15 因子全相关模型		83456.1	2485	33.58	0.048	0.936	0.931	0.025
二阶 8 因子模型	值	83456.1	2485	33.58	0.048	0.933	0.93	0.026
三阶 4 因子模型		8059.804	2387	3.38	0.052	0.927	0.924	0.030

三阶模型拟合度良好。

因三阶 4 因子模型结构图太大，难以看清，故以下分成三个片段呈现，见图 9-1-1、图 9-1-2、图 9-1-3 所示。

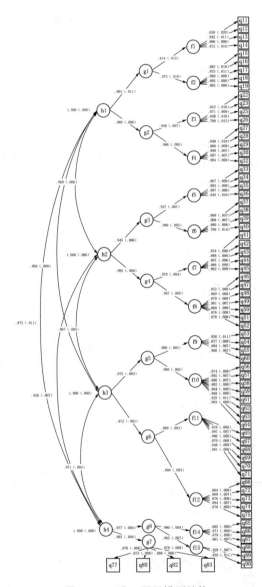

图 9-1　三阶 4 因子模型结构

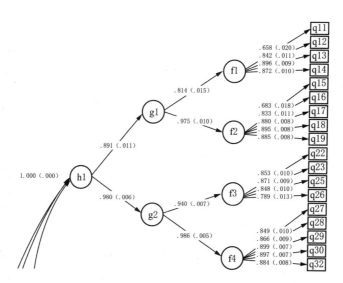

图 9-1-1　三阶 4 因子模型结构片段 1

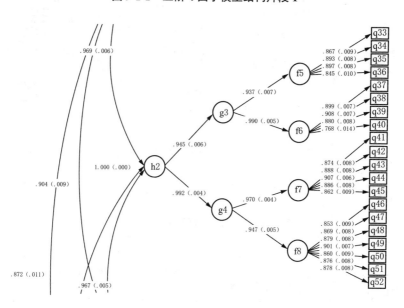

图 9-1-2　三阶 4 因子模型结构片段 2

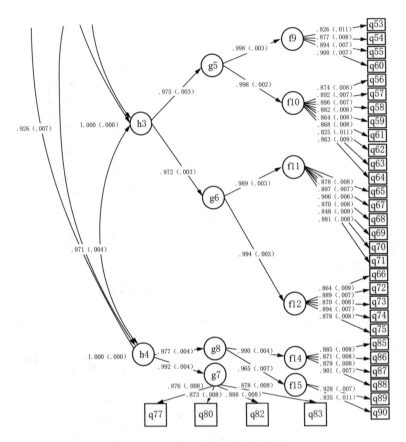

图 9-1-3　三阶 4 因子模型结构片段 3

其中各潜变量或因子代表的意义见表 9-3。

表 9-2　各潜变量或因子代表的意义

模块	关键行为	内涵界定	观测点
发现 h1	敏锐研判 （g1）	研判教育态势，把握学科的本质与育人价值	对教育环境的感知与分析（f1）
			对教与学材料的研读与把握（f2）

（续表）

模块	关键行为	内涵界定	观测点
发现 h1	精准解读 （g2）	精准了解教育对象，把握学生的思维规律、心智、非认知特点	对教育对象的即时感应与观照（侧重学生当下德育方面状态的总体把握）教育方面（f3）
			对教育对象的精准了解与分析（侧重认知方面）教学方面（f4）
设计 h2	有效整合 （g3）	广泛收集、深度挖掘资源材料，根据需求统筹考虑学科课程实施、活动开发	对资源条件的分析和梳理（f5）
			基于需求的资源选择与匹配（f6）
	合理创生 （g4）	在研判、解读和整合的基础上，创造性生成最优化方案	可测可评的目标设定（f7）
			达成目标的学习活动设计（f8）
实施 h3	适切交互 （g5）	精准地表达与沟通，有效地回应与互动	根据情境和需求多主体之间进行沟通（f9）
			及时进行多向回应与互动（f10）
	动态调适 （g6）	运用过程性多元化评价策略技术评估学习情况并适时调整优化	关注过程的多元评价（f11）
			注重反馈的动态调整（f12）
改进 h4	系统反思 （g7）	设计多种工具，收集多元证据进行系统分析，找出问题，明确改进方向	基于多种手段方式的证据收集与分析
	持续优化 （g8）	形成改进方案，循环改进教育教学行为	针对问题，制定新一轮实施方案（f14）
			根据方案，开展新一轮实践（f15）

② 模型的信度、收敛效度与区分效度

教师关键行为三阶 4 因子模型的信度与收敛效度：CR 和 AVE，见表 9-3。

表 9-3　教师关键行为三阶 4 因子模型的信度与收敛效度：CR 和 AVE

	CR	AVE
评价标准	＞0.7	＞0.5
f1	0.892	0.676
f2	0.922	0.704
f3	0.906	0.707
f4	0.945	0.773
f5	0.929	0.767
f6	0.922	0.749
f7	0.947	0.781
f8	0.958	0.764
f9	0.929	0.766
f10	0.961	0.756
f11	0.954	0.775
f12	0.944	0.773
g7	0.931	0.772
f14	0.935	0.782
f15	0.779	0.779

根据 CR＞0.7 且 AVE＞0.5 的评价标准，模型具有足够的信度与收敛效度。

每个因子 AVE 平方根值大于它与其他因子的相关系数绝对值，则说明该因子具有良好的区分效度。总体上大多数因素具

表 9-4 教师关键行为问卷区分效度：Pearson 相关与 AVE 平方根值汇总表

	f1	f2	f3	f4	f5	f6	f7	f8	f9	f10	f11	f12	g7	f14	f15
f1	**0.822**														
f2	0.742	**0.839**													
f3	0.613	0.746	**0.841**												
f4	0.641	0.802	0.901	**0.879**											
f5	0.582	0.706	0.808	0.849	**0.876**										
f6	0.608	0.736	0.799	0.851	0.864	**0.865**									
f7	0.623	0.772	0.777	0.855	0.791	0.860	**0.884**								
f8	0.622	0.725	0.749	0.817	0.784	0.829	0.880	**0.874**							
f9	0.613	0.748	0.748	0.816	0.755	0.811	0.884	0.890	**0.875**						
f10	0.608	0.744	0.755	0.821	0.766	0.821	0.883	0.893	0.950	**0.869**					
f11	0.596	0.714	0.746	0.797	0.754	0.791	0.837	0.844	0.866	0.907	**0.880**				
f12	0.598	0.708	0.724	0.798	0.727	0.781	0.841	0.829	0.876	0.904	0.934	**0.879**			
g7	0.596	0.698	0.705	0.780	0.729	0.774	0.824	0.842	0.862	0.878	0.882	0.900	**0.879**		
f14	0.594	0.705	0.713	0.782	0.719	0.764	0.820	0.813	0.835	0.860	0.858	0.866	0.897	**0.884**	
f15	0.559	0.658	0.717	0.755	0.724	0.749	0.773	0.795	0.795	0.817	0.833	0.820	0.846	0.858	**0.883**

注：斜对角线粗体数字为 AVE 平方根值。

有足够的区分效度，但也有几个因素缺乏足够的区分效度，如 f8、f9、f10（见表 9-4）。需要在今后的研究中进一步改进问卷，删除相关度过高的题目或对题目进行修订。

（二）调查结果

1. 教师关键行为整体优化程度较高

调查的总体状况如下：

调查问卷记录了教师的一些基本情况，包括性别、所在学校、年级、最后学历、任教学科、是否担任班主任、教龄、职称等，调查基本信息如表 9-5 所示。

表 9-5　基本信息一览

名　称	选　　项	频数	百分比	累计百分比
学段	小学	371	38.01	38.01
	初中	345	35.35	73.36
	高中	260	26.64	100
性别	男	197	20.18	20.18
	女	779	79.82	100
最后学历	大专	12	1.23	1.23
	大学本科	682	69.88	71.11
	研究生（硕士或博士）	282	28.89	100
教龄	5 年及以下	277	28.38	28.38
	6—15 年	236	24.18	52.56
	16—25 年	217	22.23	74.8
	26 年及以上	246	25.2	100
职称	未评定	89	9.12	9.12
	三级教师	14	1.43	10.55

（续表）

名　称	选　项	频数	百分比	累计百分比
职称	二级教师	250	25.61	36.17
	一级教师（包括原中学一级、小学高级、幼儿园高级）	469	48.05	84.22
	高级教师	145	14.86	99.08
	正高级教师	9	0.92	100
现在是否担任班主任	是	327	33.5	33.5
	否	649	66.5	100
合　计		976	100	100

教师关键行为及观测点的均值与标准差如表9-6所示。

表9-6　教师关键行为及观测点的均值与标准差

名　称	平均值	标准差
根据方案，开展新一轮实践	3.70	0.94
针对问题，制定新一轮实施方案	3.83	0.87
改进—持续优化	**3.79**	**0.85**
基于多种手段方式的证据收集与分析	3.82	0.85
改进—系统反思	**3.83**	**0.84**
注重反馈的动态调整	3.88	0.84
关注过程的多元评价	3.83	0.85
实施—适切交互	**3.87**	**0.81**
达成目标的学习活动设计	3.77	0.83
可测可评的目标设定	3.83	0.83
实施—动态调适	**3.85**	**0.82**
及时进行多向回应与互动	3.87	0.82
根据情境和需求多主体之间进行沟通	3.86	0.82
设计—合理创生	**3.80**	**0.80**

（续表）

名　　称	平均值	标准差
基于需求的资源选择与匹配	3.70	0.82
对资源条件的分析与梳理	3.64	0.84
设计—有效整合	**3.67**	**0.80**
对教育对象的精准了解与分析	3.79	0.80
对教育对象的即时感应与观照	3.75	0.80
发现—精准解读	**3.77**	**0.76**
对教与学材料的研读与把握	3.91	0.78
对教育环境的感知与分析	3.59	0.78
发现—敏锐研判	**3.77**	**0.73**

实施—适切交互（3.87）、实施—动态调适（3.85）这两个实施模块下的关键行为提升度最高，排第三的是改进—系统反思（3.83）。设计—有效整合（3.67）、发现—精准解读（3.77）、发现—敏锐研判（3.77）是提升度最低的 3 个关键行为。但各个关键行为的提升度差别不大。

教师关键行为各观测点提升程度的选项百分比如图 9-2—图 9-16 所示。

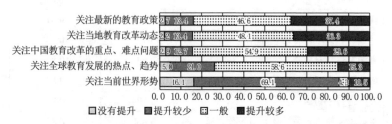

图 9-2　教师对教育环境的感知与分析所含题目的选项百分比

从图 9-2 数据可以看出，大多数教师在关注全球教育发展的热点和趋势以及中国教育改革的重点和难点问题方面的感知有了显著的提升，尤其是在关注当地教育改革动态和最新的教育政策方面，表示提升较多的教师比率相对较高。相比之下，教师在关注当前世界形势方面的提升较少，这可能表明教师在全球视野方面的更新略显不足，需要进一步强化国际视角的教育理解和应对策略。

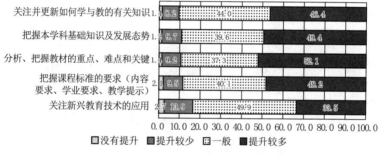

图 9-3 教师对教与学材料的研读与把握所含题目的选项百分比

从图 9-3 可知，在所有提到的维度中，绝大多数教师报告有提升，尤其在"分析、把握教材的重点、难点和关键"和"把握本学科基础知识及发展态势"两个方面，超过一半的教师表示提升较多。这表明教师在深入理解课程内容和教材结构方面取得显著进步。此外，接近半数的教师在理解和应用新兴教育技术以及更新教学方法和学科知识方面也有显著提升。这些成果可能反映了教师专业发展活动的有效性，尤其是在提升教师对教学内容深度理解和应对新技术挑战的能力方面。

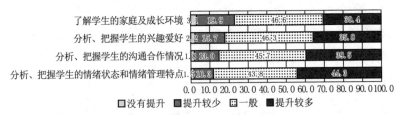

图9-4　教师对教育对象的即时感应与观照所含题目的选项百分比

从图9-4可知，在所有四个关注点中，绝大多数教师报告至少有一般的提升。尤其在"分析、把握学生的情绪状态和情绪管理特点"方面，超过44%的教师报告了较多的提升，这表明教师在感知和理解学生的情绪方面取得显著进步。相对而言，对于"了解学生的家庭及成长环境"，"提升较多"的比率较低，可能反映了这一领域较难实现快速和显著的提升，它涉及的信息可能不容易直接观察或获取。

这些结果表明教师在理解和适应学生需求方面取得的进展，同时也提示需要进一步加强对学生背景深入了解的教育培训和支持。

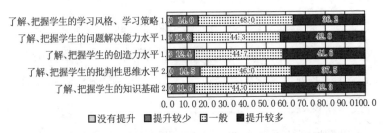

图9-5　教师对教育对象的精准了解与分析所含题目的选项百分比

在所有五道题目中，大部分教师报告至少有一般的提升。特别是在"了解、把握学生的知识基础"和"了解、把握学生的问题解决能力水平"方面，超过 40% 的教师报告有较多的提升，这表明教师在这些方面的诊断能力有显著提高。相比之下，对于"了解、把握学生的批判性思维水平"和"了解、把握学生的学习风格、学习策略"，虽然大多数教师也表示有提升，但提升较多的比率略低。

这些结果表明教师在理解学生的各种能力和特点方面取得进步，同时也提示需要进一步加强对批判性思维和学习策略方面的教育培训，以帮助教师更全面地了解和应对学生的需求。

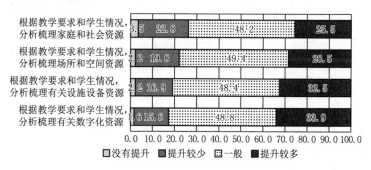

图 9-6　教师对资源条件的分析和梳理所含题目的选项百分比

从图 9-6 可知，大部分教师在各个方面报告至少有一般的提升。尤其是在分析、梳理数字化资源以及设施设备资源方面，超过三分之一的教师报告有较多的提升，这表明在这些领域中，教师可能获得了更多的培训或资源，或者因为技术的快速发展而有了更多关注和学习的机会。

分析、梳理家庭和社会资源提升较多的比率较低，这反映出教师在如何有效利用学生的家庭和社会背景方面可能面临更多的挑战，这些资源的动员和应用需要更多的外部支持和专业知识。这些结果提示教育部门和学校在社会资源的动员和应用方面，需要加强对教师在利用所有类型资源方面的培训和支持。

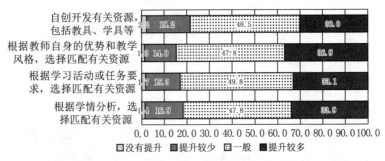

图9-7   教师基于需求的资源选择与匹配所含题目的选项百分比

从图9-7可知，大部分教师在这些方面报告有"一般"的提升。特别是在"根据教师自身的优势和教学风格，选择匹配有关资源"方面，有相对较高比率的教师报告"提升较多"，这表明教师越来越能够利用自己的优势和特定的教学风格来选择或设计教学资源。

自创开发教具、学具的"提升较多"的比率稍低，可能反映出这一活动需要更高的创造力和技术能力，或者需要更多时间和资源的投入，因此提升的难度相对较大。

结果显示，教师在根据不同需求选择和匹配资源的能力方面取得进展，同时也提示教育部门和学校可能需要进一步加强对教师在自创资源方面的支持，帮助他们更好地发挥创造力和自主性。

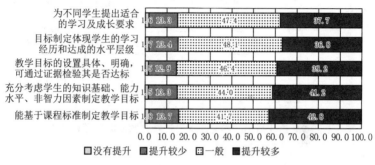

图 9-8 可测可评的目标设定所含题目的选项百分比

图 9-8 显示，在所有五个关注点中，大部分教师在这些方面报告有"一般"的提升。特别是在"能基于课程标准制定教学目标"方面，超过 40% 的教师报告有"提升较多"，这表明教师在明确和具体化教学目标方面取得显著进步。这可能反映出教师对于教学目标制定的重视程度提高，同时也表明教师能够更好地理解并应用课程标准来制定教学计划。

虽然在"为不同学生提出适合的学习及成长要求"方面也"提升较多"，但比率略低，反映出这一任务的复杂性较高，涉及个体化教学和差异化教育的实践，需要更细致地观察和理解学生的具体需求。

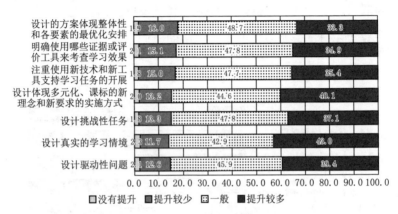

图 9-9   达成目标的学习活动设计所含题目的选项百分比

从图 9-9 可知，教师在学习活动设计方面报告有显著的进步，特别是在"设计真实的学习情境"和体现新教学理念的实施方式方面，超过 40% 的教师表示"提升较多"。这表明教师在整合新理念和实践新方法方面越来越熟练。

虽然在注重使用新技术和新工具以及明确使用评价工具方面的提升也较为明显，但"提升较多"的比率相对较低，可能反映出这些方面的技术和方法需要更多的专业知识和资源支持。这些结果提示学校和教育部门在提供技术培训和资源方面可能需要进一步加强支持，以帮助教师更有效地设计和实施教学活动。

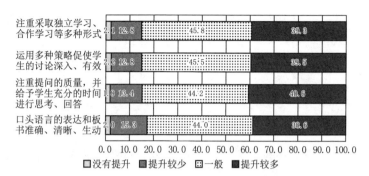

图 9-10 教师根据情境和需求多主体之间进行沟通所含题目的选项百分比

从图 9-10 可知，教师在学生交流和教学策略的各个方面普遍报告有提升，特别是在鼓励学生表达理解和想法，以及注重提问质量方面"提升较多"的比率较高。这表明教师在实施互动教学和激发学生主动学习方面取得显著的进步。

虽然各项"提升较多"的比率相对均衡，但还有相当比率的教师报告了"一般"的提升，可能表明在这些领域，教师仍有进一步提升的空间，特别是在创设个性化学习机会和鼓励学生使用不同思路解决问题方面。这些结果提示学校和教育部门可以进一步加强对教师在学生中心教学策略和个性化教学的支持和培训。

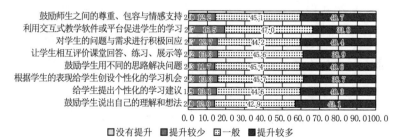

图 9-11 及时进行多向回应与互动所含题目的选项百分比

从图 9-11 可知，教师普遍在多向回应与互动方面取得提升，尤其是在鼓励学生说出自己的理解和想法、积极回应学生需求，以及鼓励尊重、包容与情感支持方面。这表明教师在课堂管理和学生互动的各个方面都在积极改进和提升自己的教学技巧。

使用交互式教学工具"提升较多"的比率略低，可能因为需要特定的技术支持和资源，这表明在技术整合方面还需要进一步的支持和培训。这些结果提示教育部门和学校在提供教学资源和技术培训方面需要进一步加强，以便教师能更有效地运用现代教学工具来促进学生的积极参与与学习。

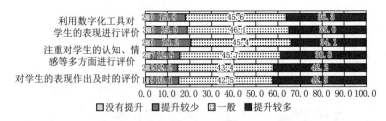

图 9-12　教师在关注过程的多元评价所含题目的选项百分比

从图 9-12 可知，教师在多元评价方面普遍报告有提升，尤其是在及时评价学生表现和鼓励学生表现方面，超过 40% 的教师表示"提升较多"。这表明教师在应用及时反馈和积极鼓励的教学策略方面变得更为熟练。

利用数字化工具进行评价和利用观察、记录工具"提升较多"的比率稍低，可能反映出这些技术或方法需要更多的资源和专业培训。这些结果提示教育部门和学校在提供相关技术和方法的培训方面可能需要进一步加强，以帮助教师更有效地运用现代工具进行学生评价。

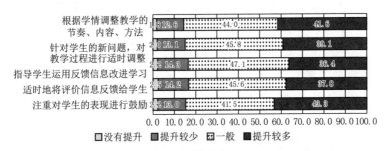

图 9-13 教师在注重反馈的动态调整所含题目的选项百分比

从图 9-13 可知，教师在注重反馈及其动态调整方面普遍报告有提升。特别是在对学生表现进行鼓励方面，超过 40% 的教师表示提升较多。这表明教师在积极鼓励学生方面变得更为熟练，并能更好地应用这种策略以提高学生的学习动机和表现。

虽然在适时反馈评价信息、指导学生运用反馈信息改进学习、及时调整教学过程方面"提升较多"的比率略低，这表明在实际操作中这些活动的复杂性可能较高，需要更多的细致观察和快速响应能力。

这些结果提示教育部门和学校在提供有关如何有效使用反馈信息和进行教学调整的培训和支持方面需要进一步加强，以帮助教师更有效地利用反馈来促进学生的学习和自身的教学改进。

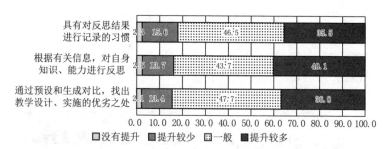

图 9-14　教师在根据证据分析，找准问题所含题目的选项百分比

　　从图 9-14 可知，教师在这些方面普遍报告有提升，尤其是在根据信息对自身知识和能力进行反思方面，超过 40% 的教师表示"提升较多"。这表明教师在自我评估和自我提升方面变得更为熟练，并能有效地利用反思来改进教学。

　　在记录反思结果的习惯方面"提升较多"的比率稍低，这表明可能需要更多的支持和培训来帮助教师系统地记录和分析自己的反思和教学改进过程。

　　这些结果提示教育部门和学校需要进一步加强提供如何有效使用教学评估工具和反思方法的培训，以帮助教师更有效地识别教学中的优劣，以及记录和利用这些信息来指导教学活动。

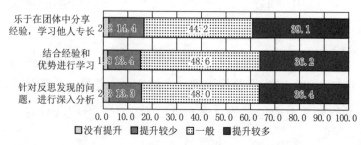

图 9-15　教师针对问题，制定新一轮实施方案所含题目的选项百分比

　　从图 9-15 可知，教师在这些方面普遍报告有提升，尤其是在乐于在团体中分享经验和学习他人专长方面，超过 39% 的教师表示"提升较多"。这表明教师在职业发展和学习方面变得更为开放和协作，能够利用团队资源和经验来提升个人教学能力。

　　在"针对反思发现的问题，进行深入分析"以及"结合经验和优势进行学习""提升较多"的比率略低，这可能表明教师在实际操作中这些活动的复杂性较高，需要更多的专业知识和方法的支持。

　　这些结果提示教育部门和学校需要进一步加强相关的支持和培训，以帮助教师更有效地利用自我反思的结果和团队协作的机会不断改进教学实践。

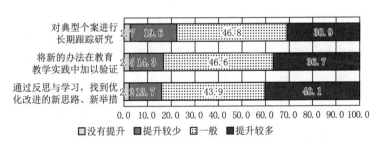

图 9-16　教师根据方案，开展新一轮实践所含题目的选项百分比

　　从图 9-16 可知，教师普遍报告在新一轮实践中的提升，尤其是在通过反思与学习找到新的教学优化思路方面，超过 40% 的教师表示"提升较多"。这表明教师在将反思成果转化为实际教学策略和行动中变得更为有效。

"对典型个案进行长期跟踪研究""提升较多"的比率略低，这反映出长期跟踪研究在实际操作中的复杂性和挑战性较高，需要更多的时间和资源投入。

这些结果提示教育部门和学校需要进一步加强如何有效利用反思成果、实施新教学策略，并进行长期研究的培训和支持，以帮助教师更有效地实施新的教学实践并进行系统的研究和评估。

2. 小学段教师关键行为提升度高于中学的教师

利用方差分析（全称为单因素方差分析）研究学段对于 8 个关键行为、16 个观测点的差异性。学段的差异情况如表 9-7 所示。

不同学段对于利用方差分析研究学段对于 8 个关键行为、16 个观测点的差异性。全部均呈现出显著性差异，小学教师显著高于初中教师，且显著高于高中教师。效应量偏 Eta 方（Partial η^2）小、中、大的分界点分别为 0.01，0.06，0.14。

3. 二级教师和未评定职称的教师在多个方面提升度高于一级和高级教师

利用方差分析研究最后学历对于利用方差分析去研究学段对于 8 个关键行为、16 个观测点的差异性。职称的差异情况见表 9-8。

表 9-7 学段的差异情况

	学段（平均值 ± 标准差）			F	p	偏 Eta 方（Partial η²）	事后检验
	小学（n=375）	初中（n=343）	高中（n=258）				
根据方案，开展新一轮实践	3.88±0.86	3.60±0.97	3.57±0.95	11.787	0.000**	0.024	1>2; 1>3
针对问题，制定新一轮实施方案	3.96±0.83	3.74±0.91	3.75±0.85	7.415	0.001**	0.015	1>2; 1>3
改进一持续优化	3.94±0.80	3.70±0.89	3.69±0.84	9.875	0.000***	0.02	1>2; 1>3
基于多种手段方式的证据收集与分析	3.97±0.79	3.74±0.89	3.70±0.87	10.459	0.000**	0.021	1>2; 1>3
改进一系统反思	3.99±0.77	3.74±0.87	3.71±0.85	11.599	0.000**	0.023	1>2; 1>3
注重反馈的动态调整	4.05±0.77	3.76±0.89	3.78±0.83	13.118	0.000**	0.026	1>2; 1>3
关注过程的多元评价	4.02±0.76	3.74±0.87	3.67±0.87	16.43	0.000**	0.033	1>2; 1>3
实施一动态调适	4.03±0.75	3.75±0.86	3.73±0.83	14.964	0.000***	0.03	1>2; 1>3
及时进行多向回应与互动	4.02±0.77	3.77±0.83	3.78±0.83	10.382	0.000**	0.021	1>2; 1>3
根据情境和需求多主体之间进行沟通	4.01±0.76	3.76±0.85	3.76±0.84	10.502	0.000**	0.021	1>2; 1>3
实施一适切交互	4.02±0.76	3.77±0.83	3.78±0.82	10.607	0.000***	0.021	1>2; 1>3
达成目标的学习活动设计	3.93±0.76	3.67±0.85	3.68±0.85	11.177	0.000**	0.022	1>2; 1>3
可测可评的目标设定	3.98±0.78	3.74±0.86	3.73±0.84	10.002	0.000**	0.02	1>2; 1>3

（续表）

关键行为	学段（平均值±标准差）			F	p	偏 Eta 方（Partial η²）	事后检验
	小学（n=375）	初中（n=343）	高中（n=258）				
设计—合理创生	3.95±0.75	3.70±0.83	3.70±0.82	11.33	0.000**	0.023	1>2; 1>3
基于需求的资源选择与匹配	3.86±0.77	3.58±0.84	3.60±0.82	13.118	0.000**	0.026	1>2; 1>3
对资源条件的分析与梳理	3.78±0.80	3.56±0.86	3.53±0.82	9.361	0.000**	0.019	1>2; 1>3
设计—有效整合	3.82±0.75	3.57±0.83	3.57±0.79	11.91	0.000**	0.024	1>2; 1>3
对教育对象的精准了解与分析	3.95±0.74	3.71±0.82	3.66±0.80	13.201	0.000**	0.026	1>2; 1>3
对教育对象的即时感应与观照	3.93±0.74	3.66±0.82	3.59±0.81	17.505	0.000**	0.035	1>2; 1>3
发现—精准解读	3.94±0.71	3.69±0.79	3.64±0.76	14.857	0.000**	0.03	1>2; 1>3
对学材料的研读与把握	4.02±0.73	3.83±0.83	3.85±0.74	6.765	0.001**	0.014	1>2; 1>3
对教育环境的感知与分析	3.69±0.76	3.53±0.80	3.52±0.76	5.501	0.004**	0.011	1>2; 1>3
发现—敏锐研判	3.88±0.69	3.70±0.77	3.70±0.70	7.042	0.001**	0.014	1>2; 1>3

＊ 注：在事后检验中，1、2、3 分别代表以下各组：小学、初中、高中。

表9-8 职称的差异情况

	职称（平均值 ± 标准差）						F	p	偏 Eta 方（Partial η²）	事后检验
	未评定（n=89）	三级教师（n=14）	二级教师（n=250）	一级教师（n=469）	高级教师（n=145）	正高级教师（n=9）				
根据方案，开展新一轮实践	3.82±0.95	3.61±0.98	3.82±0.92	3.65±0.93	3.55±0.95	3.94±0.85	2.297	0.043*	0.012	1>5; 3>4; 3>5
基于多种手段方式的证据收集与分析	3.86±0.85	3.73±0.86	3.96±0.84	3.77±0.86	3.69±0.83	4.08±0.81	2.496	0.029*	0.013	3>4; 3>5
改进一系统反思	3.87±0.82	3.78±0.77	3.96±0.82	3.78±0.84	3.70±0.82	4.08±0.77	2.448	0.032*	0.012	3>4; 3>5
可测可评的目标设定	3.87±0.85	4.14±0.59	3.94±0.87	3.76±0.82	3.79±0.76	4.18±0.97	2.236	0.049*	0.011	3>4
设计一合理创生	3.86±0.76	3.94±0.69	3.90±0.82	3.73±0.81	3.74±0.76	4.12±0.88	2.123	0.06	0.011	
基于需求的资源选择与匹配	3.80±0.78	3.84±0.76	3.81±0.84	3.63±0.81	3.62±0.81	3.86±0.81	2.421	0.034*	0.012	3>4; 3>5
对资源条件的分析与梳理	3.66±0.85	3.93±0.76	3.81±0.85	3.56±0.82	3.59±0.83	3.53±0.74	3.442	0.004**	0.017	3>4; 3>5

（续表）

	职称（平均值±标准差）						F	p	偏 Eta 方（Partial η²）	事后检验
	未评定（n=89）	三级教师（n=14）	二级教师（n=250）	一级教师（n=469）	高级教师（n=145）	正高级教师（n=9）				
设计—有效整合	3.73±0.79	3.88±0.74	3.81±0.82	3.59±0.78	3.60±0.80	3.69±0.74	2.962	0.012*	0.015	3>4; 3>5
对教育对象的精准了解与分析	3.87±0.77	3.91±0.85	3.92±0.84	3.72±0.77	3.71±0.78	3.91±0.71	2.573	0.025*	0.013	3>4; 3>5
对教育对象的即时应与观照	3.88±0.77	3.82±0.96	3.89±0.84	3.66±0.78	3.66±0.75	3.92±0.72	3.64	0.003**	0.018	1>4; 1>5; 3>4; 3>5
发现—精准解读	3.86±0.74	3.85±0.82	3.90±0.80	3.70±0.74	3.70±0.74	3.93±0.67	2.96	0.012*	0.015	3>4; 3>5
对教育环境的感知与分析	3.66±0.79	3.18±0.82	3.66±0.77	3.54±0.79	3.61±0.75	4.02±0.62	2.353	0.039*	0.012	1>2; 3>2; 5>2; 6>2; 3>4

*注：在事后检验中，1、2、3、4、5、6分别代表以下各组：未评定、三级教师、二级教师、一级教师、高级教师、正高级教师。

不同职称对于除设计—合理创生外的其余 7 个关键行为和 16 个观测点呈现出显著性差异。

4. 教龄 5 年及以下、6—15 年的教师提升度高于教龄为 16—25 年、26 年及以上的教师

利用方差分析研究教龄对于利用方差分析去研究学段对于 8 个关键行为、16 个观测点的差异性，详见表 9-9。

不同教龄对于 8 个关键行为、16 个观测点的全部均呈现出显著性差异，表现出教龄为 5 年及以下教师最高，其次是教龄 6—15 年教师的趋势。

（三）调查结果的分析与讨论

1. 关键行为提升度较高的可能原因

教师在项目结束前自评 8 个关键行为提升度较高，究其原因，充分考虑教师专业发展的复杂性和系统性，关键行为优化策略的创新性和针对性有重要的关系。不仅关注教师个体的行为改进，还涵盖教育机构与系统层面的支持与保障。例如，通过专业诊断、培训课程和专项行动策划，形成针对性强、实施性好的优化行动，完善数智化教研平台等数字资源的提供、研发优化行为的行动支架（各种教学工具包）、在本区传统的学术季活动中搭建相应的展示平台、构建关键行为优化样例库，这些举措营造提升教师关键行为的良好生态。

各模块下的关键行为的提升度有高低之分，实施模块的关

表 9-9 教龄的差异情况

	教龄（平均值 ± 标准差）				F	p	偏 Eta 方（Partial η^2）	事后检验
	5年及以下（n=277）	6—15年（n=236）	16—25年（n=217）	26年及以上（n=246）				
根据方案，开展新一轮实践	3.82±0.90	3.77±0.96	3.64±0.91	3.54±0.95	4.964	0.002**	0.015	1>3; 1>4; 2>4
针对问题，制定新一轮实施方案	3.93±0.83	3.93±0.85	3.76±0.86	3.68±0.91	5.259	0.001**	0.016	1>3; 1>4; 2>3; 2>4
改进—持续优化	3.90±0.80	3.88±0.84	3.72±0.84	3.64±0.89	5.67	0.001**	0.02	1>3; 1>4; 2>3; 2>4
基于多种手段方式的证据收集与分析	3.94±0.82	3.91±0.84	3.74±0.86	3.66±0.86	6.238	0.000**	0.019	1>3; 1>4; 2>3; 2>4
改进—系统反思	3.94±0.80	3.92±0.82	3.75±0.85	3.68±0.85	6.08	0.000**	0.02	1>3; 1>4; 2>3; 2>4
注重反馈的动态调整	3.98±0.77	3.96±0.83	3.78±0.87	3.77±0.88	4.29	0.005**	0.013	1>3; 1>4; 2>3; 2>4
关注过程的多元评价	3.93±0.81	3.92±0.83	3.74±0.87	3.71±0.86	4.641	0.003**	0.014	1>3; 1>4; 2>3; 2>4
实施—动态调适	3.95±0.77	3.94±0.81	3.76±0.85	3.74±0.85	4.72	0.003**	0.01	1>3; 1>4; 2>3; 2>4

（续表）

	教龄（平均值±标准差）				F	p	偏Eta方（Partial η²）	事后检验
	5年及以下（n=277）	6—15年（n=236）	16—25年（n=217）	26年及以上（n=246）				
及时进行多向回应与互动	3.98±0.76	3.95±0.84	3.78±0.81	3.75±0.84	4.999	0.002**	0.015	1>3; 1>4; 2>3; 2>4
根据情境和需求多主体之间进行沟通	3.96±0.78	3.94±0.84	3.76±0.79	3.74±0.86	4.991	0.002**	0.015	1>3; 1>4; 2>3; 2>4
实施—适切交互	3.97±0.75	3.95±0.83	3.77±0.80	3.75±0.84	5.09	0.002**	0.02	1>3; 1>4; 2>3; 2>4
达成目标的学习活动设计	3.87±0.80	3.89±0.81	3.67±0.84	3.63±0.83	6.275	0.000**	0.019	1>3; 1>4; 2>3; 2>4
可测可评的目标设定	3.92±0.83	3.90±0.87	3.75±0.82	3.74±0.80	2.999	0.030*	0.009	1>3; 1>4; 2>4
设计—合理创生	3.89±0.78	3.89±0.81	3.71±0.81	3.68±0.80	5.02	0.002**	0.02	1>3; 1>4; 2>3; 2>4
基于需求的资源选择与匹配	3.81±0.79	3.73±0.86	3.59±0.82	3.63±0.79	3.676	0.012*	0.011	1>3; 1>4
对资源条件的分析与梳理	3.76±0.85	3.67±0.84	3.58±0.82	3.53±0.81	4.059	0.007**	0.012	1>3; 1>4

（续表）

	教龄（平均值±标准差）				F	p	偏Eta方（Partial η^2）	事后检验
	5年及以下（n=277）	6—15年（n=236）	16—25年（n=217）	26年及以上（n=246）				
设计—有效整合	3.78±0.79	3.70±0.81	3.58±0.80	3.58±0.78	4.03	0.007**	0.01	1>3; 1>4
对教育对象的精准了解与分析	3.92±0.79	3.78±0.81	3.71±0.78	3.72±0.78	3.817	0.010**	0.012	1>2; 1>3; 1>4
对教育对象的即时感应与观照	3.89±0.80	3.72±0.84	3.65±0.75	3.69±0.79	4.899	0.002**	0.015	1>2; 1>3; 1>4
发现—精准解读	3.90±0.76	3.77±0.78	3.69±0.74	3.71±0.75	4.3	0.005**	0.01	1>2; 1>3; 1>4
对教与学材料的研读与把握	4.01±0.80	3.96±0.77	3.82±0.79	3.82±0.74	4.004	0.008**	0.012	1>4; 2>4
对教育环境的感知与分析	3.63±0.77	3.69±0.77	3.54±0.77	3.49±0.80	3.072	0.027*	0.009	1>3; 1>4; 2>3; 2>4
发现—敏锐研判	3.84±0.74	3.84±0.71	3.70±0.74	3.67±0.71	3.82	0.010**	0.01	1>3; 1>4; 2>3; 2>4

* 注：1：5年及以下；2：6—15年；3：16—25年；4：26年及以上。

键行为提升度较高，发现模块的关键行为提升度相对较低，或许因为针对发现模块的培训课程偏理论化，且发现—敏锐研判的关键行为指向学生的 21 世纪技能的评价，这对于教育实践乃至教育研究都是大难题。

各个关键行为的提升度差别不大，表明本研究关注了教师各个关键行为的提升，并无遗漏。

2. 差异存在的可能原因

（1）学段差异

教师关键行为的提升度存在显著的学段差异，表现为小学提升度显著高于初中，且显著高于高中，初中与高中无显著差异。究其原因，可能如下：

教育阶段的特点差异。小学生的基础知识和技能更容易得到提升，让教师更容易感受到关键行为变化后的良好效果；小学阶段的教育更多地关注良好学习习惯和积极态度的形成，这可能使得针对教师关键行为的优化措施更容易实施和观察到明显成效；中学教育更加注重思维能力的培养，但思维能力的提升非常困难，因此优化教师关键行为的效果可能不如小学阶段明显。

教师与学生的互动模式。小学教师往往与学生之间有更密切的互动和联系。因此，小学教师在实施关键行为优化策略时，可能更容易通过直接的互动和反馈看到效果，进而对本研究的效果评价更高。

教师专业发展的需求与内容。因为中学学段有更大的考试压力，所以总体而言，小学教师对方方面面教师专业发展项目需求度更高；小学和中学教师对专业发展内容的需求可能存在差异，小学教师更多寻求与教学基本技能和学生心理、行为管理相关的培训，而中学教师更多关注学科深度和教学方法的创新。因此，对于小学教师而言，"关键行为的优化本研究项目设计"可能更直接回应他们的需求，从而带来更加明显的改进效果。

评价与反馈机制。在小学阶段，由于学生的学习成果和行为改变更容易被观察和评价，因此对教师关键行为优化的反馈可能更为直接和具体，有助于教师及时调整和改进。在中学阶段，学生的表现更多样化，评价和反馈机制需要更加复杂和多元，更难直接观察和评估干预措施的效果。

教育环境和支持系统。由于特定的教育目标，小学阶段更容易获得相关的支持和资源，例如跨学科综合学习资源的支持、学习习惯和态度培养等，促进了优化措施的成功实施。

综上所述，小学教师在关键行为优化干预效果上优于中学教师，是多方面因素综合作用的结果。未来的研究需要进一步探讨这些差异的具体原因，并考虑如何根据不同教育阶段的特点，尤其是根据中学教师的特点，设计和实施更为有效的教师专业发展和关键行为优化策略。

（2）职称差异

二级教师在多个关键行为和观测点上的提升度最高，显

著高于一级教师和高级教师，其次是未评定职称的教师，原因
如下：

发展潜力与动力。二级教师通常处于职业生涯的早期阶段，
拥有更大的发展潜力和更强烈的提升动力。由于职业发展初期，
他们更倾向于接受新的教学理念和技术，积极参与专业发展活
动，以期快速提高自己的教学能力和职业地位。

培训和干预的接受度。职称较低的教师对新的教育策略和
行为改进方案更加开放，更愿意尝试新方法并对培训内容保持
很高的接受度。相比之下，一级教师和高级教师由于在教学领
域的经验和成就，对新的教学方法和理念的接受与适应的速度
相对较慢。

改变的空间。在职业生涯早期阶段，教师处于探索和试错
的阶段，为改变和优化关键行为提供更大的空间。相比之下，
一级教师和高级教师已经形成较为固定的教学风格和习惯，改
变这些习惯需要更多的时间与努力。

总之，二级教师和未评定职称的教师在关键行为优化上的
显著提升反映了他们更大的发展潜力、更高的培训接受度、更
大的改变空间。这些因素共同作用，使得他们在专业发展活动
中取得较为显著的进步。

（3）教龄差异

5年及以下教龄教师在多个关键行为和观测点上的提升度
最高，其次是6—15年教龄教师。这一现象可由以下几个因素

解释：

开放性和适应性。较年轻或经验较少的教师容易接受新的教育理念和教学方法，更愿意尝试新的策略和技术。这种开放性和适应性使得他们在接受关键行为优化干预时，能够更快地吸收和应用新知识，从而在关键行为的提升上显示出更高的效果。

专业发展的动机。职业生涯初期的教师往往有强烈的学习和自我提升的动机，更加积极地参与专业发展活动，对于提升自己的教学技能和专业知识持续有较高的追求。这种动机促使他们在关键行为的优化上投入更多的努力，从而获得更显著的提升。

灵活性和创新性。新进入教育行业的教师更加灵活，对于教育创新持更开放的态度，更容易接受并实施与传统教学模式不同的教学策略与方法，这种灵活性和创新性有助于他们在关键行为方面的提升。

技术熟练度。技术的运用越来越成为教学的重要组成部分。相对于更有经验的教师，新入职的教师可能在信息技术等现代教育工具的使用上更为熟练，这可能有助于他们在某些关键行为上实现更快的提升，特别是那些与技术运用密切相关的行为。

综上所述，教龄较短的教师在关键行为提升度上较为领先，可能是由于他们的开放性、适应性、学习动机、灵活性和创新性、技术熟练度等多方面因素的综合作用。

（四）调查的结论与建议

本次问卷调查，形成如下结论，并从区域、学校等不同层面提出相关的建议：

1. 研究结论

本研究对教师关键行为的提升程度开展调查，发现教师的8个关键行为在本研究的干预后，有了较大的提升。其中实施模块的关键行为提升度较大。小学教师的关键行为提升度显著高于中学教师；二级教师的关键行为提升度最高，其次是未评定职称的教师；5年及以下教龄教师的关键行为提升度最高，其次是6—15年教龄教师。

2. 对策建议

（1）对教师个人层面的建议

① 持续自我反思与成长。鼓励教师持续自我反思，为教师提供反思的工具与脚手架，帮助他们定期评估自己在关键行为方面的表现，识别成长空间，制定个人发展计划。

② 积极参与专业发展活动。鼓励教师积极参与培训与研讨会，特别是针对自己职称与教龄阶段的个性化培训，以提升专业技能与关键行为。

③ 加强技术运用与创新。特别对于教龄较长的教师，应加强信息技术等现代教育工具的学习与应用，开放接受新的教学理念与方法。

（2）对业务机构层面的建议

① 强化攻关研究。地区教育研训机构应加强关于教师关键行为优化的攻关研究，开发具有实际应用价值的教学方法与工具。

② 提供专业支持。建立面向教师的专业支持系统，如在线教育平台、资源库等，特别是为初中和高中教师提供更多支持，帮助他们优化关键行为。

③ 构建交流平台。建立区域内教师之间的交流与合作平台，特别是促进不同学段、不同职称、不同教龄段教师之间的经验分享与互学。

（3）对教育行政层面的建议

① 政策引导与支持。制定相关政策，鼓励与支持教师的持续专业发展，为教师提供足够的时间与资源参与培训与研究。

② 评价体系优化。建立与完善教师关键行为的评价体系，使之成为教师职业发展与晋升的重要参考。

③ 差异化支持策略。根据教师的学段、职称与教龄等差异，提供个性化的支持与资源，特别是针对需要提升的群体，如中学教师、高职称教师等。

综上，通过个人层面的自我提升、业务机构的专业支持和教育行政的政策引导与资源保障，可以形成促进教师关键行为提升的良好生态，从而推动教育质量的整体提升。

二、教师关键行为优化的启示与展望

通过三年多持续开展优化教师关键行为的区域实践探索，明晰了教师关键行为的基本要素与具体表征，获得了区域教师关键行为现状的相关数据，构建了教师关键行为优化的区域性路径与策略，形成了教师关键行为优化的支持要则与保障机制。从成果与成效看，完成了预定的任务，实现了预期的目标。但从面向未来的持续发展来审视，还需要进一步挖掘地区教育研训机构促进教师专业发展的深层经验，更重要的是，要对未来进行思考、展望，提出区域教育深化发展的一些方向与思路。

本部分一方面是对区域教育研训机构优化教师关键行为的实践经验进行梳理，为指引本区未来的教育改革提供参考，也可供同类地区进行探索时借鉴。地区教育研训机构优化教师关键行为有几点启示：契合新时代对教师素质提出的新要求、扎根区域教育内涵式发展的现实需求、践行区域教育研训机构的新使命。

另一方面是在查阅、分析大量文献的基础上，结合全球教育趋势、国家教改形势、教育研究动态等情况，从中寻找区域教育研训机构促进教师专业发展的新方向与重点。通过文献分析及深入思考，提出四个需要拓展与深化的方向：教育技术创新赋能教师关键行为的优化、跨学科融合助力教师关键行为的优化、培育专业人员支持教师关键行为的优化、机制创新促进教师关键行为优化的可持续性，并就这些方面可能开展的研究与行动进行了初步谋划，以便给未来的改革项目设计提供参考。

（一）优化教师关键行为实践探索的启示

静安区通过多方协作、定期研讨，构建课题研究立体化、专题化推进机制，以诊断为基、行动为要，探索教师关键行为优化的区域特色路径，通过样例解析、平台搭建，构建教师关键行为优化的扁平化、数字化支持保障机制。可以说，经过几年的深入实施，取得了多方面的进展与成效，这既与前期的方向选择和初期的顶层设计有关，更与实施过程中的推进策略和方法运用有关。对区域教育改革的回顾审视，主要有以下三点值得关注的启示。

1. 契合新时代对教师素质提出的新要求

教师是教育改革的中坚力量，教师专业素质的高低是决定教育质量优劣的主要因素。研究教师专业素质的发展对于我国"造就一支师德高尚、业务精湛、结构合理、充满活力的高素质专业化教师队伍"具有重要意义。2018 年中共中央、国务院印发《关于全面深化新时代教师队伍建设改革的意见》，标志着教师队伍建设的"极端重要性"战略地位成为共识，教师队伍建设改革正迎来重要的战略机遇期。但是，面对新征程、新使命、新目标，教师队伍建设还存在一些问题，无法适应新时代的要求，无法满足人民群众对高质量、更加公平的教育的追求。经济合作与发展组织（OECD）在 2016 年的报告中指出："今天，绝大部分学校与上一代人的没什么两样，并且教师自己也没有发展必需的方法和技能以满足今天学习者的多样需要。"因此，静安区把近期教师队伍建设目标和远期目标相结合，提出优化教师的关键行为，帮助教师将教育理念转化为教育实践的自觉行动，这是面向新时代教育发展的当务之急和富有远见的战略选择。静安区努力培养能够面向未来的高素质、专业化、创新型的教师队伍，力争在全区形成教师人人尽展其才、好教师不断涌现的良好局面。这一研究方向的选择既契合教育的期待，也顺应时代的要求。

2. 扎根区域教育内涵式发展的现实需要

由于特有的地域条件和经济发展状况，一直以来，静安区就以其"精致"作风而闻名于申城，"精品""历史底蕴"是静安教育的两大特征。成功教育、茶馆式教育、愉快教育、创造教育、低结构活动探索、游戏教育、社区教育等品牌在全国享有较高知名度。如果说"让每个学生都有公平接受教育的机会"和"让每一名教师都有提升职业素养的机会"是教育均衡最基本的要求的话，那么静安教育在近几年始终保持着热情、努力探索的"个性化"教育和大力"提升教师专业素质"，则是对教育均衡的高位要求。

静安一直以来高度重视教师的专业素质提升，致力于打造一支高素质、专业化、创新型的教师队伍。从"九五"到"十四五"规划期间，连续承担6个教育部重点课题，形成了以重大项目引领、凝聚区域教育力量促进教师专业发展的机制与格局。"九五"期间首次明确提升教师素质，提出将观念转变、提升教师的自觉性和师德，教会教师具体策略方法以及提升能力作为推广教师提升教学质量的重要手段；"十五"期间强调教育学院和教师的角色转变，开始发现教师自身主导了专业素质的提升，以教育学院主导的教师培训机构提出了一系列研修一体的教师培训模式；"十一五"期间进一步落实教师的主体性与自觉性，提供区域平台要求教师通过培训和研修自主设计自己的专业发展路径；"十二五"期间开始探索教师个性化教育素质，开辟出教师如何满足学生全面发展且个性成长需求的新的教育增长点；"十三五"期间从区域层面深化教育个性化，探索培养学生核心素养的教师胜任力研究；"十四五"期间选择"激活学生创造力"作为新一轮教育改革的主题，并在此背景下探索优化教师关键行为的路径策略。这一教改方向是对区域教育发展定位与使命的回应，充分地体现出对学校改革实践需求的省察与关照。

3. 践行区域教育研训机构的新使命

区域教育研训机构的功能定位主要围绕两个方面：一是引领教师专业发展，二是服务区域教育改革发展。教师的专业发展需要教育研训机构高水平的专业支持，更好地服务基础教育是教师专业指导机构再出发的价值原点。以基础教育发展为立场，必须积极回应课程教学改革实践中的问题，回应教师日常教育教学中的各种疑惑与研修需求。区域当前正积极推进的教育改革，倡导创造力激活、个性化培养、分层分类、动态管理、差异评价等方面的改革。对于改革带来的这些新变化、新需求，基层的一线教师或多或少都会有疑惑，区教育学院能深入研究，针对教育教学中的具体问题，提出优化教师关键行为的解决方案，给予教师具体可操作的路径。区教育学院在优化教师关键行为方面的实践探索既体现促进教师专业发展的"基础"职能，又探索服务区域教育教学改革的"发展"职能，符合国家和地方的相关政策、教师进修院校自身的客观实际、当前教育转型发展的现实需要，也更好地履行"基础"职能必须应对的新使命。

（二）优化教师关键行为的展望

为优化教师的关键行为，静安教育学院开展了为期三年的专题研究，这一研究从广度、深度、持久度上都非常有特色，也确实为教师的关键行为优化提供了载体与路径。教师关键行为的内涵研究、区域教师关键行为的现状调查、教师关键行为优化的行动研究、教师关键行为优化的保障研究都为教师的教育素质提升提供方向和依据。但是历史浩荡，教师如何在新的伟大征程中展现新作为、作出新贡献，教育如何回应社会的需要与期待，成为新的时代命题。我们基于已有的研究成果和实践经验，对教师关键行为优化的未来方向进行深入探讨，主要从技术创新、跨学科融合、专业人员培育以及机制创新等重点领域进行持续攻关。

1. 技术创新赋能教师关键行为的优化

（1）信息技术与教育的深度融合

随着人工智能、大数据、虚拟现实等技术的快速发展以及教育数字化转型的推进，教育系统中的教学范式、组织架构、教学过程和评价方法等都发生创新与变革，进而催生丰富多样的数字化教学环境、海量的数字化教学资源和新型的数字化教学模式。这些技术不仅改变了传统的教学模式，也为教师提供了新的教学工具和方法。例如，通过大数据分析学生的学习行为，教师可以更精准地了解学生的学习需求，从而进行个性化教学设计和学生学习分析，提升教学效果。未来，教育技术的应用将成为教师关键行为优化的重要支撑。

（2）教师信息素养的提升

为推动教师主动适应教育技术变革趋势，2014年教育部发布《中小学教师信息技术应用能力标准（试行）》，重点强调教师应用信息技术优化课堂教学、转变学习方式等方面的能力，又于2018年发布《教育信息化2.0行动计划》，要求从提升师生信息技术应用能力向全面提升其信息素养转变，旨在推动教师更新观念、重塑角色、提升素养、增强能力。为适应教育技术的发展，教师需要提升自身的信息素养。这包括对新兴教育技术的理解和应用能力，以及利用这些技术进行教学设计与教学评价的能力。教育行政部门和学校应提供相应的培训与支持，帮助教师更新观念，重塑角色。

（3）教育技术工具的开发与应用

信息技术与教育的融合与创新不仅能提升教师的素质素养，而且为教师敏锐研判、精准解读、有效整合、合理创生、适切交互等关键行为的优化赋能，比如利用人工智能、大数据分析等来支持个性化教学，提高个性化教学与反馈的效率与准确性，从而提升教育的适应性与效能。同时，开发适合教师使用的教学辅助工具，如智能教学系统、在线学习平台等，并鼓励教师积极探索这些工具在实际教学中的应用，可以提高教学效率与质量，促进教师关键行为的优化。

2. 跨学科融合助力教师关键行为的优化

（1）教育心理学的应用

从教育心理学的角度来看，教师在日常教育教学中所采取的行为，是经过对教育教学实施的目标、内容等方面的选择，这些选择是凭借认识或思想来实现的，是思想或认识对需要的相互作用的过程。教师凭借原有的思想观点、种种规律知识和实际经验，来判断付出努力能否完成工作任务、能达成怎样的成效水平，判断采取怎样的教育教学行为，也判断这种行为将导致怎样的结果。因此，教师采取某种关键行为的背后有着深刻的心理学因素。教育心理学在优化教师行为中发挥着至关重要的作用，通过应用教育心理学的原理与方法，可以更好地了解教师的需要，深化对教师行为改进影响因素的理解，探索更为全面与有效的优化策略。

（2）管理学视角的融入

管理学的方法与理论可以帮助教师优化教学管理行为，提高教学组织与实施的效率。通过项目管理的方法，教师可以更好地规划和执行教学活动，包括课堂管理、教学策略、教师专业发展以及激励机制等。例如，在课堂管理方面，教师应掌握课堂管理的策略，如建立规则、激发兴趣、鼓励互动等，以提高学生的学习动机和参与度，有效的课堂管理能够创造积极的学习氛围，促进学生的积极参与。在专业发展方面，通过持续的培训和学习，可以不断提升教师的专业知识和教学技能。这包括对最新教育理论和实践的了解，以及对教学方法和策略的掌握。在激励机制方面，学校可以通过物质奖励、职业发展机会、公开表彰等方式，鼓励教师在教学实践中不断尝试和创新，合理的激励机制可以激发教师优化关键行为的积极性和创造性。

（3）跨学科教学策略的开发

跨学科教学策略是一种能够促进教师关键行为优化的有效方法，鼓励教师跳出单一学科的框架，采用综合性、多元化的教学方法。如教师可以通过整合不同学科的知识和技能，设计富有创意的教学活动，使学生能够在多个学科领域建立联系，促进深度学习；教师可以开展项目式学习，让学生参与实际问题的解决，它要求教师设计具有挑战性和实践性的项目，引导学生运用跨学科的知识和技能；教师可以通过小组合作的方式，促进学生之间的交流与合作，同时，教师也可以在合作过程中观察和指导学生的互动，优化教学行为。通过实施这些跨学科教学策略，教师不仅能够提升自己的教学能力与专业素养，还能够激发学生的学习兴趣，培养他们的批判性思维和解决问题的能力。同时，这也有助于打破学科间的壁垒，促进教育的整体发展。

3. 专业人员支持教师关键行为的优化

（1）专业指导者的培育

教师关键行为的优化，一方面需要教师自身的学习、实践和反思，但另一方面，也是更为重要的，就是专业指导者这支队伍的建设。区教育学院在地区教育发展中，具有研究、指导、服务的职能，但教师之间在教学风格、经验、背景等方面存在差异，如何设计既能够满足大多数教师需要，又能考虑到个体差异的优化策略是实施过程中的一个挑战。此外，优化教师行为需要相应的资源和支持，包括时间、资金和技术资源等，这是优化效果能否持续的关键，在实际操作中可能面临资源分配不足或不均等问题。区教育学院教师仍需在指导方式、指导能力上进行专项提升，以更好地适应指导区域教师关键行为优化的重任和使命。

（2）教师专业发展体系的优化

构建完善的教师专业发展体系能够有效地促进教师关键行为的优化。经过多年的实践探索，静安区教育局各部门、教育学院各部门、各基层学校形成合作分工、互为支撑的格局，各自承担相应职责，构建市区校三层培训体系，形成基础性培训与专题性培训结合、常规培训与项目培训结合的培训思路。有了明确的发展方向，教师就可以根据该方向设计自己的生涯发展规划。在职培训时，教师根据自己的职业生涯规划，在保持总修习时间不变的前提下，自主灵活选择选修课。这样的在职培训和研修，既满足个人专业发展的取向，也满足学校对多样化教育人才的需要。通过教师培训、教学研究、教学交流等多种活动形式，教师可以不断提升自身的教学能力和专业素养。

（3）教师合作机制的创新

建立教师合作机制是优化教师关键行为的有效途径，有助于促进教师之间的知识共享、经验交流和专业成长。例如，通过建立教师学习共同体，教师可以在一个支持性和协作性的环境中共同探讨教学问题、分享最佳实践和创新教学方法；定期组织教学研讨会，让教师有机会展示自己的教学成果，讨论教学中的挑战和解决方案；鼓励教师参与跨学科的教学项目，帮助教师拓宽视野，了解其他学科的教学方法和内容，从而丰富自己的教学策略；鼓励教师参与教育研究项目，通过研究来探索和验证教学方法的有效性，提升教师的研究能力和教学实践水平；建立教师导师制度，让经验丰富的教师指导新教师或经验较少的教师，帮助新教师快速成长，也能够促进教师之间的交流和合作。

4. 机制创新促进教师关键行为优化的可持续性

（1）长期跟踪评估机制的建立

建立长期的跟踪评估机制，对教师关键行为优化的效果进行持续监测和评价。有助于及时发现问题并进行调整，确保优化策略的长期有效性。地区教育研训机构优化教师关键行为是一项长久性工作，如何确保教师关键行为优化策略的长期执行和持续效果，避免一次性培训或项目结束后效果的逐渐消失，是一个挑战。未来需要建立长期的系统的跟踪评估机制，持续监测优化策略的效果，包括对教师职业生涯和学生学习成效的影响，及时调整和改进策略，确保其长期有效性。此外，研究还可以在更广泛的区域和不同类型的学校中进行，以验证和深化研究的发现，同时探索新的教师行为优化策略。

（2）教师激励机制的完善

为确保教师关键行为优化的持续性和有效性，需要进一步完善长期有效的激励和支持机制。完善教师激励机制，对在教学实践中表现突出的教师给予表彰和奖励，可以激发教师的积极性，促进教师关键行为的持续优化。例如，专业发展激励方面，鼓励和保障教师参加培训、教研、学术研究等活动，及时帮助教师诊断改进教育教学问题，提高教育教学能力，促进教师专业成长。岗位晋升激励方面，将师德表现和教育教学实绩作为岗位晋升的重要依据，确保认真履行教育教学职责的教师能够得到相应的职业发展机会。绩效工资激励方面，完善学校绩效工资分配办法，向教育教学实绩突出的一线教师和班主任倾斜，充分发挥绩效工资的激励功能，等等。

（3）教育政策的支持与引导

教育行政部门应出台相关政策，支持和引导教师关键行为的优化工作，包括提供必要的资源支持、政策支持等，为教师专业发展营造良好的外部环境。例如，提供持续的专业培训和发展机会，鼓励教师参与国内外访学研修和学术交流，提升教师的教育教学能力和科研水平；建立科学的教师评价体系，将教师的教学质量和育人成效作为评价的核心内容，避免唯论文、唯职称等倾向，激励教师专注于教学和学生发展；减少不必要的行政负担和形式主义检查，合理安排教师的工作量和作息时间，为教师提供良好的教育教学环境；建立教师心理疏导专家团，关注教师的身心健康，提高教师的工作满意度和幸福感，等等。

教师关键行为的优化是一项长期而复杂的工作，需要教育行政部门、学校、教师以及社会各界的共同努力。通过教育技术创新、跨学科融合、专业人员培育以及机制创新等多种途径，可以有效促进教师关键行为的优化，提高教学质量，培养更多优秀的人才，满足社会发展的需求。未来，我们将持续关注教师专业发展的最新趋势，不断探索和创新，为教师关键行为的优化提供更多的支持和保障。

后 记

三年前，我们带着对教育改革的热忱和对教师成长的深切关怀，启动了这项关于教师关键行为优化的研究。我们深知，教师是教育发展的第一资源，他们的专业素质直接影响着教育的质量和学生的未来。作为区域教育发展的重要支持力量和教师专业发展的研究服务机构，探索如何更好地服务教师发展、服务区域教育发展、服务课改是我们的使命使然和必然选择。因此，我们致力于寻找和提炼那些对学生核心素养培养具有显著影响的关键行为，并探索其优化路径。

在研究过程中，我们见证了教师在"发现""设计""实施"和"改进"等模块下的不懈努力和显著成长。每一位教师都在自己的教育实践中，通过敏锐的研判、精准的解读、有效的整合、合理的创生等方面的探索，逐步优化自己的教学行为，以适应新时代教育的要求。教师的8个关键行为在本研究的干预后，有了较大的提升，这对于促进区域教育质量的提升具有积极的意义。

教育改革是一项系统性工程，不仅需要政策的引导和支持，更需要一线教师的积极参与和实践智慧。因此，本书不仅注重理论的阐述，更强调实践的探索。我们通过实地调研、教师访谈、课堂观察等多种形式，收集了丰富、翔实的第一手资料，力求使理论与实践相结合，为教师提供切实可行的指导和建议。

通过研究，我们深刻体会到教师在教育改革中的重要角色，是推动教育进步不可或缺的力量。面向未来，我们有理由相信，教师关键行为的优化将为教育带来更加深刻的变革。随着教育技术的发展和教学理念的更新，教师将拥有更多的资源和工具来提升自己的教学实践，实现更加个性化和精准化的教学。

在本课题研究和推进的过程中，顾志跃、王洁、闫寒冰、杨玉东等专家，给予多次指导和帮助，在此对他们表示衷心的感谢！在课题研究和成果总结中，黄根初进行了全程参与和指导，张俊雄、丁银娣、李正刚、程书丽等积极参与和落实。

本书具体的分工如下：前言执笔，王俊山、盛影莹；第一章执笔，祝科；第二章执笔，张琼；第三章执笔，李志翔、盛影莹；第四章执笔，杨志喆、张晓芸、黄敏燕；第五章执笔，凌敏、汤华、唐文俊；第六章执笔，孔云峰、范晶、彭磊；第七章执笔，杨红梅、吕涵；第八章执笔，徐萍、张燕燕；第九章执笔，陈吉、何海铃。全书由汪振兵、王俊山负责框架拟定、体例制定、整体安排，由课题组长陈青云进行书稿撰写的统筹协调，并进行最后的审稿、定稿。

在此，要感谢所有参与本书编写的团队成员，感谢他们的辛勤工作和无私奉献。感谢提供案例及相关总结材料的全体老师，以及所有接受访谈和观察的教师，他们的智慧和经验是本书最宝贵的财富。同时，也要感谢每一位读者，是你们的关注和支持，让教育改革的火种得以传播。

我们期待，本书能够成为教育改革道路上的一簇星火，为教师的专业发展提供一抹微光，为教育质量的提升贡献力量。我们更期待，每一位教师都能在教育的田野上，播种希望，收获未来。

教育是一项长期而复杂的工程，教师专业发展的道路也不会一蹴而就。在未来的日子里，我们将继续关注教育改革的动态，持续追踪教师专业发展的进展，不断优化和更新我们的理念与方法。我们相信，只要坚持不懈，勇于探索，就一定能够开创教育改革的新局面，培养出更多优秀的学生，为建设教育强国作出更大的贡献！

图书在版编目(CIP)数据

　　教师关键行为的解读与优化 / 陈青云等著. -- 上海：
上海人民出版社，2024. -- ISBN 978-7-208-19226-3

　　Ⅰ. G451.6

　　中国国家版本馆 CIP 数据核字第 2024J42D48 号

责任编辑　杨　清
封面设计　周　武

教师关键行为的解读与优化

陈青云　等　著

出　　版	上海人民出版社	
	（201101　上海市闵行区号景路 159 弄 C 座）	
发　　行	上海人民出版社发行中心	
印　　刷	上海景条印刷有限公司	
开　　本	890×1240　1/32	
印　　张	9.75	
插　　页	2	
字　　数	178,000	
版　　次	2024 年 12 月第 1 版	
印　　次	2024 年 12 月第 1 次印刷	

ISBN 978 - 7 - 208 - 19226 - 3/G・2202

定　　价　52.00 元